넥스트 ESG

넥스트
ESG

──── ESG경영을 업그레이드하라! ────

최남수 지음

넥스트 ESG의 핵심,
제도의 가속화

2021년 1월 『이해관계자 자본주의(이젠 ESG 경영 시대)』를 펴냈다. ESG를 다룬 책으로 가장 초기에 나온 셈이 됐다. 당시만 해도 ESG가 기업 생존과 성장의 필수조건이 돼가고 있다는 점을 알리는 데 주력했다. 그사이 ESG를 둘러싼 논의는 본질적으로 국면이 달라졌다. ESG는 이젠 경영의 대세가 됐다. UN이 정한 책임투자원칙^{PRI} 등을 통한 투자자들의 요구로 본격화됐지만, 이제는 정책, 금융, 신용평가, 소비자 등 경제 전반으로 확산하면서 새로운 경영의 틀을 넘어서 신新국제경제질서로 떠오르고 있다.

ESG 경영이 '제1막'에서 '제2막'으로 전환되는 특징을 보이고 있는 것이다. 그동안 국내기업들은 ESG가 무엇이고, 왜 해야 하는지를 이해하고 기본적인 대응체계를 구축하는 데 주력해왔다.

하지만 이제는 국내외에서 ESG 경영을 착근하기 위한 제도들이 잇따라 만들어지거나 공표되고 있어 실질적인 이행을 통해 성과를 창출해야 하는 제2단계로 들어서고 있다. 필자는 ESG 경영의 2단계를 '넥스트 ESG'로 규정한다. 그동안 진행돼온 ESG 논의의 심화深化과정을 최대한 업데이트해 '넥스트 ESG'의 흐름에 담아보려고 했다.

넥스트 ESG의 핵심은 가속화하고 있는 제도화이다. 기업들이 실제로 대응해야 할 일들이 많아지고 있다는 얘기다. 오는 2025년부터는 자산규모 2조 원 이상 코스피 상장사가, 2030년부터는 모든 상장사가 ESG 활동을 담은 지속가능경영보고서를 공시하는 일정이 잡혀 있다. 우리의 주요 교역국인 유럽연합과 미국은 관련 제도 마련에 더욱 속도를 내고 있다. EU집행위원회는 지난 2월 공급망 안에서의 인권 침해 및 환경훼손에 대해 실사하는 내용의 기업 지속가능성 실사 지침을 발표했다. 이 지침이 시행에 들어가면 EU 기업의 공급망 안에 있는 국내 기업들은 적지 않은 영향을 받게 된다.

이뿐만이 아니다. 현재 글로벌 무대에서는 탄소 배출 등 ESG 공시 지표를 표준화하고 그동안 별도로 공시돼온 재무제표와 지속가능보고서를 통합하는 방안이 관련 기관에 의해 추진되고 있으며 연내에 최종안이 발표될 예정이다. 또 최근 미국의 증권거래위원회SEC는 상장사의 기후 공시 방안 초안을 발표해 논의가 진행되고 있다. 여기에서 '넥스트 ESG'의 또 다른 중요 이슈인 기후 공시와 공급망의 탄소 감축 문제가 부상한다. 이 책에서 집중적으로 다뤄지는 주제이다.

지금까지 얘기한 움직임들은 ESG가 한때의 유행이 아니라 기업경영에 본질적인 변화를 가져오는 전환점이 될 것임을 말해주고 있다. 이 같은 상황에서 국내 기업은 ESG에 잘 대응하고 있을까? 답은 '아직은 갈 길이 멀다'이다. 기업들은 ESG 경영의 중요성을 잘 인지하고 있다. 문제는 역량이 아직 취약하다는 데 있다. 상공회의소와 생산성본부가 300개 기업을 대상으로 실시한 설문조사 결과를 보면 기업 10곳 중 7곳은 ESG가 기업 경영에 중요한 요소라고 응답했다. 하지만 ESG 경영 수준은 5점 만점에 2.9점에 불과하다. 기업지배구조원이 공표한 2021년 ESG 평가등급에서도 비슷한 결과가 나왔다. B등급 이하 기업의 비중이 일 년 전의 68%에서 58%로 줄긴 했지만, 여전히 10개 중 6개 기업이 '불합격' 판정을 벗어나지 못하고 있다.

물론 ESG 경영이 활기를 띠고 있는 것은 사실이다. 많은 기업이 내부에 관련 위원회를 설치하고 실무 추진 기구도 운용하기 시작했다. 외부 평가기관으로 우수한 등급을 받기 위해 힘을 쏟으면서 좋은 성과를 올린 기업들도 늘어나고 있다. 중요한 사실은 기구 설치나 외부 홍보만으로 ESG가 완성되는 것은 아니라는 점이다. ESG 위원회가 비즈니스 모델 전환이나 체질 개선 등

이슈에 대해 독립적인 의사 결정권을 가졌는지, ESG가 경영 전반에 내재화되고 있는지, 짚어봐야 할 이슈들이 적지 않다. ESG의 깃발을 먼저 든 투자자들은 지금의 기업 모습에 대해 어떻게 평가하고 있을까? 에델만이 최근 내놓은 '압박받는 ESG 신뢰도'라는 제목의 자료가 실상을 잘 보여주고 있다. 이 자료를 보면 투자자의 82%가 기업들이 ESG 공시를 할 때 성과를 과장하고 있다고 응답한 것으로 나타났다. 'ESG 워싱'에 대해 의혹의 시선을 가지고 있는 것이다.

ESG는 관련 제도와 측정지표, 공시, 평가등급 등 기술적 내용이 중요하긴 하다. 하지만 그 성패 여부는 진정성에 달려 있다고 할 수 있다. ESG는 환경과 이해관계자를 중시하는 투명 경영을 통해 기업의 중장기 가치를 제고하는 것을 지향하고 있다. 따라서 경영진이 진심으로 전략을 포함해 경영과 생산과정 전반의 가치사슬에 ESG의 가치를 반영하고 적극적으로 실행에 옮기는 게 중요하다. 그런 만큼 ESG는 일부 담당 직원만의 문제일 수는 없다. 전 임직원이 왜 ESG는 해야 하는지에 대해 공감대를 가져야만 제대로 된 성과를 낼 수 있다. 결국 임직원의 참여를 이끌어내는 경영진의 리더십이 절대적으로 중요한 것이다.

이 책에서는 이런 주제들을 중심으로 '넥스트 ESG'의 다양한 이슈들에 대해 심층적으로 진단해보려고 한다. 특히 워낙 관심이 집중된 탄소중립의 그늘에 가려져 중요성이 제대로 인식되지 못하고 있는 S(사회)와 G(지배구조)에 대해서도 균형 감각을 가지고 다뤘다. 이 책은 ESG에 대한 심층 업데이트에 그치지 않고 있다. 시선을 거시적으로 넓혀 ESG와 이해관계자 자본주의를 통해 한국경제의 기조를 양적 성장에서 질적 고도화로 '양질전환量質轉換' 해야 한다는 방향성을 제시하는 데도 주안점을 두었다.

ESG에 관한 두 번째 책의 집필이 가능하도록 능력과 지혜를 주신 하나님께 감사의 기도를 드린다. 늘 격려와 지원을 해 준 아내, 어머님, 장모님을 비롯한 가족에게 사랑의 마음을 전한다. 2010년 『교실 밖의 경제학』을 시작으로 우정으로 저작의 과정을 동행해주고 계신 도서출판 새빛의 전익균 대표님과 임직원께도 마음의 인사를 전한다. 집필을 마치면서 자연스럽게 다음 책의 주제에 대해 고민을 하기 시작했다. 열심히 공부하고 쓰는 일이 주업인 '선비'의 길에 들어서게 된 점에 감사하고 자족하는 마음이다.

2022년 8월

우보愚步 최남수

차례

01

넥스트
ESG

ESG는 새로운 국제 경제질서로
뿌리를 내려가고 있다.
투자자들로부터 발원됐지만
정책, 금융, 기업경영, 소비자, 신용평가 등
경제 전반으로 퍼져나가면서
자본주의 변화의 물결로
자리를 잡아가고 있다.

넥스트
ESG

글로벌 경제의 시대적 화두가 된 ESG(환경, 사회, 지배구조) 경영. 지난해가 워밍업을 하는 기간이었다면 이제는 확산 속도가 빨라지는 단계에 들어섰다. 두드러진 변화는 그동안은 ESG를 왜 해야 하는지, 즉 'Why'에 대한 논의가 활발했다면 이제는 ESG를 어떻게 실행에 옮기고 구체적인 성과를 낼지, 즉 'What & How'로 논의의 초점이 옮겨갔다는 점이다. 이에 따라 ESG 경영 논의의 폭이 넓어지면서 심도深度 깊어지고 있다.

필자는 이 같은 변화를 '넥스트 ESG'로 규정한다. '넥스트 ESG'는 기업들이 탐색의 단계에서 ESG 실행의 단계로 들어선 상황을 지칭한다. 무엇보다 지속가능과 탄소 배출[1] 공시, 공급체인 실사 등에 관한 제도화가 글로벌 차원에서 본격화하면서 기업이 준수해야 할 ESG 경영의 틀이 가시화하고 있다. 기업이 이런 외부적 환경의 변화에 대응하면서 ESG를 경영 전반에 내재화함으로써 비즈니스 모델을 혁신해나가야 하는 'ESG 트랜스포메이션transformation'의 단계에 들어선 것이다. ESG가 '제1막'에서 '제2막'인 넥스트 ESG의 단계로 이행하고 있다는 얘기다. 이동석 삼정KPMG 비즈니스그룹 리더는 한 언론과의 인터뷰에서 지난해 초까지만 해도 기업들은 주로 'ESG 평가기관에서 좋은 등급을 받으려면 무엇을 해야 하나'라고 질문했지만, 이제는 '현재의 비즈니스에 ESG 경영전략을 어떻게 내재화하고, 새로운 성장 기회를 어떻게 창출할 수 있느냐'는 질문을 한다고 최근의 상황 변화를 전하고 있다[2].

ESG 제1막은 기업 입장에서 보면 측정 가능한 지표가 부족한 상태에서 ESG 경영 실행을 모색하던 기간이었다. 넥스트 ESG의 단계가 1막과 다른 점은 투자자 등 이해관계자들이 기업에 구체적인 방안 제시를 요구하고 있다는 데 있다. 기업은 탄소 배출

---

1   지구온난화를 가져오는 온실가스에는 이산화탄소, 메탄, 이산화질소, 수소불화탄소, 과불화탄소 등이 있다. 전체 온실가스 배출량 중 80% 이상을 차지하는 것이 이산화탄소이다. 따라서 이 책에서는 온실가스와 이산화탄소를 혼용해 사용한다.
2   황국상(2022.2.18.), "ESG 경영 성공사례, 올해 본격화될 것", 머니투데이

을 어떻게 줄이고 다양하고 포용적인 기업 문화를 어떻게 만들 것인지 구체적인 답을 달라는 요구에 직면해있다. 이 같은 요구에 대응하기 위해서는 일관되고 비교 가능하고 투명한 표준 지표와 공시 방식이 필요한데 이를 만들기 위한 작업에 본격적인 시동이 걸렸다. ESG 경영 상태를 정확하게 측정, 공시한 다음 이를 개선하기 위한 실행이 가시화할 것임을 예고해주고 있다.

여기에서 ESG에 드라이브를 거는 각국 정부의 정책을 소개해본다. 그동안 관련 제도를 선제적으로 정비해온 EU유럽연합는 공시 강화 등 조치를 추가로 도입하고 있다. 환경과 사회적 책임, 인권, 반부패 등을 포괄하는 기업지속가능성 공시지침CSRD 개정안을 지난해 4월 채택한 데 이어 11월에 유럽위원회에 최종안을 제출할 예정이다. 이 지침은 대기업뿐만 아니라 중소기업에도 적용되고, 외국 기업의 EU 내 자회사도 지킬 것을 의무화하고 있다는 점이 특징이다. EU는 또 기업의 사업장과 공급망 전체에 대해 인권 보호와 환경 위험 등을 실사하는 제도를 시행할 채비를 갖추고 있다. 이 제도는 EU 기업의 역외 공급망에서 발생한 환경 훼손 등으로 인한 피해 구제를 위해 피해자가 해당 기업을 EU 사법기관에 제소할 수 있도록 하고 있어 국내 기업을 긴장시키고 있다.

대서양 건너 미국은 ESG에 관한 한 후발주자이다. 전임 트럼프 정권이 기후변화 자체를 인정하지 않는 등 ESG에 부정적 자세를 보인 탓이다. 바통을 이어받은 바이든 정권은 발 빠르게 ESG 정책에 시동을 걸고 있다. 파리기후협약에 다시 가입했는가 하면 행정명령을 받은 정부 부처들이 기후변화가 공공 및 민간 금융자산에 미치는 영향을 관리하기 위한 종합대책을 마련하고 있다. 특히 미 증권거래위원회SEC는 최근 기후 관련 공시를 강화하는 방안을 내놓았다. SEC는 ESG 활동이나 성과를 과장하는 그린워싱을 규제하기 위한 조치도 발표했다.

지난해 글래스고 COP26에서 회원국 합의로 출범한 국제 지속가능성기준위원회ISSB가 작업 중인 ESG 공시 표준도 공시 인프라를 구축하는 중요한 전환점이 될 것으로 보인다. 그동안 기업들은 매출, 수익, 자산, 부채 등 재무적 성과를 알리는 재무제표와 별도로 지속가능보고서라는 형식으로 ESG 활동을 공시해왔다. 하지만 표준화된 측정 지표가 없어 비교가능성, 일관성, 투명성 등이 부족하다는 평가를 받아왔다. 이번에 ISSB가 준비 중인 방안은 따로따로 공표된 재무제표와 지속가능보고서를 통합하고 관련 지표도 표준화하는 것을 주요 내용으로 하고 있어 ESG 공시가 국제적으로 단일화의 길로 가는 첫걸음이 될 것으로 보인다. 현재 ISSB의 작업은 국제증권관리위원회의 지지를 받고 있어 여러 국가와 규제기관에서 신속하게 도입할 것으로 예상되며, 기업도 투자자의 압박에 따라 이를 자발적으로 채택하는 움직임이 가속화할 것이라는 게 전문가들의 지적이다. (뒷부분에서 자세한 내용이 다뤄진다)

ESG를 둘러싼 현재 상황은 1929년 대공황 때와 유사하다는 지적을 받고 있다. 당시 증시가 사실상 붕괴되자 투자자들은 기업의 재무 상태를 보여주는 양질의 회계 데이터가 결여돼있음을 깨달았다. 이 문제가 심각하게 제기되자 1932년에 미국 대통령으로 취임한 프랭클린 루스벨트는 본격적인 개혁 작업에 시동을 걸었다. 취임 다음 해에 유가증권법에 서명한데 이어 1934년에 증권거래법을 제정했다. 기업 공시 및 감사 등 현대적 시스템을 구축하는 것이 주요 내용이었다. 이후 수십 년간에 걸쳐 제도 개선이 이뤄지다가 1970년대 초에 재무회계표준위원회FASB가 출범하기에 이른다. ESG도 이처럼 지표와 공시 방식이 표준화의 길을 걷게 될 것으로 보인다. 물론 재무회계보다 진행 속도는 빠를 전망이다.

이와 함께 앞으로 탄소중립(넷제로), 투자, 제도, 공급체인 등 다양한 분야에서 ESG 경영의 수위가 더욱 강화될 것으로 보인다. 먼저 빨라지는 기후변화 추세 속에서 탄소중립을 향한 발걸음은 더 구체화할 전망이다. 국가 차원에서 보면 지난해 말 영국 글래스고에서 열린 제26차 유엔기후변화협약 당사국 총회COP26에서 기후변화 억제에 대한 공감대가 단단하게 형성된 만큼 앞으로 연례 점검 작업을 통해 실행방안이 촘촘하게 짜여질 것으로 예상된다. 2050년까지 탄소중립을 달성하기로 한 우리나라의 경우 원전의 그린에너지 포함 여부 등이 이슈가 되고 있지만, 세계 10위권 선진경제 국가로서 대세에 동참하는 것은 불가피한 상태다. 기업도 상황은 마찬가지이다. 세계 2000대 대기업의 약 3분의 1가량이 넷제로 목표를 제시해놓고 있어 더 많은 기업의 참여가 필요한 실정이다. 하지만 RBC 캐피탈 마켓은 2022년이 기업이 잘 정의된 에너지 전환 계획을 공언하는 결정적 시기가 될 것이라고 내다보고 있다.

이렇듯 ESG는 새로운 국제 경제질서로 뿌리를 내려가고 있다. 투자자들로부터 발원됐지만 정책, 금융, 기업경영, 소비자, 신용평가 등 경제 전반으로 퍼져나가면서 자본주의 변화의 물결로 자리를 잡아가고 있다. 앞으로 기후변화와 ESG는 한국 경제로서는 거스를 수 없는, 아니 정부와 기업이 전향적으로 대응해야 하는 혁신 어젠다가 될 수밖에 없는 환경이다. 블랙록의 래리 핑크 회장은 올해 초 투자대상 기업에 보낸 서한에서 모든 산업과 기업이 탄소중립에 의해 크게 변화할 것이라며 단도직입적인 질문을 던졌다. "멸종한 도요새가 될 것인가? 불사조가 될 것인가?"

답은 절박하고 진정성 있는 대응 여부에 달려있다고 본다. 결국 리더십의 문제이다.

하버드 로스쿨의 연구진들은 ESG 리더십과 관련해 흥미로운 분석을 담은 보고서를 내놓았다. 이들은 필자가 얘기하는 'ESG 제1막'을 'ESG 1.0'으로, 그리고 '넥스트 ESG'는 'ESG 2.0'으로 부르고 있다.[3] 이 보고서는 ESG 2.0 리더가 네 가지의 책임을 지고 있다고 말한다. 첫 번째 책임은 기업 전반에 적용되는 최상의 ESG 정책과 프레임워크를 만드는 것이다. 두 번째 책임은 조직 전반에 ESG를 내재화하고, 개별 사업 부문과 투자 전략에서 일관된 소통과 실행을 보장하는 일이다. 세 번째로 ESG 2.0 리더는 ESG가 어떻게 조직에 스며들고 각 사업 부문과 투자 전략에서 구체화해 있는지를 투자자들에게 분명히 설명해야 한다. 끝으로 공급체인 등 외부 이해관계자와 소통함으로써 그들이 보다 지속가능한 비즈니스 전략을 창출하도록 돕는 것도 ESG 2.0 리더의 일이다. 결국 'Why'보다는 'What & How'가 강조되는 넥스트 ESG 단계에서는 ESG를 앞장서 추진하는 리더의 역할에도 큰 변화가 있어야 함을 말해주고 있다. ESG가 비즈니스 전략의 핵심 요소로 자리 잡는 게 넥스트 ESG의 가장 중요한 특징이기 때문

---

3 Kurt B. Harrison 등(2021.9.2.), 'ESG 2.0-The Next Generation of Leadership', Harvard Law School Forum on Corporate Governance

이다.

표1 ESG 1.0과 ESG 2.0의 비교

ESG 1.0	ESG 2.0
- 법무, 컴플라이언스, 마케팅, IR 등 내부 조직의 직원이 ESG 업무 담당 - 내외부의 질문에 응답하기 위해 기초적 ESG 프레임워크를 만드는 등 최소한의 업무 수행 - 측정과 공시 등에 관한 투자자의 요구 수준이 높아지면서 더 이상 작동 불가	- ESG 전문성과 풍부한 현업 경험(재무와 전략 등)이 있는 고위 임원이 업무 지휘(93%, 외부 영입) - CEO와 이사회에 직접 보고 - 다양한 이해관계자와 소통 능력이 중요 - 최근 임명된 고위 ESG 임원 중 70%가 여성

자료: Harvard Law School Forum on Corporate Governance(2021.9)

넥스트 ESG

'빨간 불' 켜진
탄소중립과 'E(환경)'

　　ESG는 환경(E)과 사람(S)을 돌보는 투명한(G) 경영을 하자는 얘기다. 가치사슬 전반에 ESG를 내재화하면 중장기 기업가치의 제고로 이어진다는 게 핵심이다. ESG 중 단연 핫이슈는 환경이다. 팬데믹을 거치면서 세계 각국이 환경의 중요성을 절감하게 됐고, 특히 기후변화 문제를 방치하면 심각한 재난이 잇따를 것이라는 위기의식이 고조되고 있는데 따른 것이다.

　　현재 기후변화에 대응 방안이 글로벌 차원에서 집중적으로 논의되고 있는 무대는 유엔기후변화협약 당사국총회COP이다. 가장 최근 회의는 2021년 10월 31일부터 11월 13일까지 영국 글래스고에서 120여 개국 정상이 참석한 가운데 열린 제26차 회의

COP26이다. COP26에서는 지구온난화 억제를 위해 온실가스 배출 목표를 추가로 상향 조정하고 석탄 및 화석연료에 대한 의존도를 낮추는 등의 합의가 이뤄졌다. 먼저 온실가스 배출 감축 문제. 파리기후협정이 정한 대로 산업화 이전 대비 기온상승 폭을 1.5℃ 이내로 억제하기 위해서는 2030년까지 온실가스 배출량을 45%(2010년 대비) 줄이고, 2050년까지 탄소중립을 이뤄야 하는 상황이다. 하지만 현재 각국이 제출한 감축방안NDC을 모두 실행에 옮긴다고 해도 2030년 배출량은 2010년에 비해 오히려 13.7% 늘어날 것으로 분석되고 있다.[4] 이에 따라 각 당사국이 2022년까지 보다 강화된 감축 목표를 제출하도록 했다. COP26에서는 또 '탄소 저감장치가 없는 석탄발전'을 단계적으로 감축한다는 합의가 이뤄졌다. 석탄을 직접적으로 언급한 문구가 기후합의에 들어간 것은 사상 처음이다. 2030년까지 메탄 배출량을 2020년 대비 30% 감축하겠다는 내용의 글로벌 메탄선언과 2030년까지 산림파괴를 중단하기 위한 국제사회의 공동 노력을 지향하는 '산림 및 토지이용에 관한 글래스고 정상선언'도 COP26에서 채택됐다.

문제는 현재 각국이 발표한 2030년까지의 온실가스 배출 감축 목표가 실현된다고 해도 금세기말까지의 기온상승 폭은 파리

---

4 문진영·이성희(2021.11), '2021년 유엔기후변화협약 당사국총회(COP26) 논의 및 시사점', 대외경제정책연구원

넥스트 ESG

표2 국가별 탄소중립 목표 시점

연도	국가
2030	바베이도스, 몰디브, 모리타니
2035	핀란드
2040	오스트리아, 아이슬란드
2045	독일, 네팔, 스웨덴
2050	안도라, 아일랜드, 뉴질랜드, 아르헨티나, 이스라엘, 파나마, 호주, 이탈리아, 포르투갈, 브라질, 자메이카, 르완다, 불가리아, 일본, 세이셸, 캐나다, 라오스, 슬로바키아, 카보베르데, 라트비아, 슬로베니아, 칠레, 라이베리아, 솔로몬제도, 콜롬비아, 리투아니아, 대한민국, 코스타리카, 룩셈부르크, 스페인, 사이프러스, 말라위, 스위스, 덴마크, 마셜제도, 아랍에미리트, 도미니카, 모나코, 영국, 유럽연합, 몬테네그로, 미국, 피지, 나미비아, 우루과이, 프랑스, 나우루, 베트남, 헝가리
2053	튀르키예(구 터키)
2060	바레인, 중국, 니제르, 러시아, 사우디아라비아, 스리랑카, 우크라이나
2070	인도, 모리셔스
21세기 후반	말레이시아, 태국, 싱가포르

자료: Climate Watch, KIEP 자료 재인용(2021.11.6. 기준)

기후협정에서 정한 1.5℃를 상회한 1.8℃에 이르게 된다는 점이다(국제에너지기구IEA 분석)[5]. IEA는 이처럼 '1.5℃ 상한'이 깨지면 기후 리스크가 커질 것이라는 과학자들의 경고를 상기시키면서 2030년까지 온실가스 감축에 빠른 진전이 이뤄져야 함을 강조하고 있다. IEA는 특히 감축 선언은 이를 성공적으로 실행에 옮기지

---

[5]   Faith Birol(2021.11), 'COP26 climate pledges could help limit global warming to 1.8℃, but implementing them will be the key', IEA

않는 한 의미가 없다며 각국 정부와 기업들이 약속을 실천하는 게 중요함을 역설하고 있다. 실제로 탄소중립 일정을 공표한 국가 가운데 탄소중립 목표를 법제화하거나 정책화한 국가는 60% 정도에 그쳐 아직 이를 제도화하지 않은 나라가 적지 않은 상태이다.

이대로 가면 기온 상승 폭이 1.5℃를 넘어설 것으로 예상됨 따라 이에 대해 경고하는 목소리가 잇따르고 있다. 대표적인 기관은 UN 산하 전문가 조직인 '기후변화에 관한 정부간 협의체 IPCC'. IPCC는 지난해 기후변화에 대한 제6차 평가보고서 제1 실무그룹 보고서를 낸 데 이어 2022년 상반기에는 제2 실무그룹과 제3 실무그룹 보고서를 펴냈다. 이 중 제1 실무그룹 보고서는 기온의 1.5℃ 상승 시점을 3년 전 특별보고서에서 예측한 2030년~2052년에서 2021년~2040년으로 10년 앞당겨 제시했다. 가장 최근에 나온 3차 보고서는 기후변화 전망에 대해 경고의 수위를 높인 내용을 담고 있다. 핵심은 비교적 안전한 수준으로 기온상승 폭을 억제하기 위한 창문이 빠르게 닫혀가고 있다는 것이다.[6] IPCC는 이번 보고서에서 파리기후협정대로 기온상승 폭을 1.5℃ 이내로 묶으려면 각국이 즉각적으로 전례 없는 행동을

---

6 The Economist(2022.4.4.), 'A new IPCC report says the window to meet UN climate targets is vanishing'

취할 것을 촉구했다. IPCC 분석을 보면 금세기말까지 기온상승 폭을 1.5℃ 이내로 낮출 확률을 50% 확보하려면 2050년대 초반까지 탄소중립이 이뤄져야 한다. 또 2℃ 이내 억제를 달성할 확률을 50% 확보하려면 2070년 초반까지 탄소중립을 실현해야 한다. 어떤 경우든 온실가스 배출이 2025년에 정점을 이루고 이후에 줄어들기 시작해 2030년까지 45%를 감축해야 한다.[7] 현실은 거꾸로 가고 있다는 데 문제가 있다. 각국이 탄소중립을 선언하고 있지만, 2000년~2009년에 대비한 2010년~2019년의 연간 평균 온실가스 배출량 증가치는 사상 최고 수준을 기록한 것으로 나타났다. 이런 현실에 비춰 '1.5℃' 달성은 글로벌 석탄 사용량이 2050년까지 95% 감축돼야 함을 의미한다. 같은 기간에 석유 사용량은 60%, 그리고 가스 사용량은 45% 줄어들어야 한다. 강력한 실행 의지가 없으면 달성하기가 쉽지 않은 목표치이다.

상황이 이렇다 보니 비판도 제기되고 있다. 세계적으로 저명한 과학자인 바츨라프 스밀(캐나다 매니토바대학교 명예교수)은 뉴욕타임스와 인터뷰에서 "2030년까지 8년밖에 남지 않은 데다 온실가스 배출은 계속 늘어나고 있는데 2030년까지 배출량을 45% 줄이는

---

7   CHATHAM HOUSE(2022.4.6.), 'Time is of the essence in the race against climate change'

게 가능하겠냐"며 문제를 제기했다.[8] 그는 탄소 감축을 얘기하면서도 더 많은 SUV를 타고 다니고 더 많은 철강을 만드는 신기술 개발이 추진되고 있는 현실을 개탄했다. 스밀 교수의 이 같은 진단은 탄소중립이 불가능하다는 비관론을 제시하는 것이기보다는 탄소중립이라는 목표가 국가는 물론 기업과 개인의 커다란 의식 변화와 이에 따른 절박한 실천이 수반되지 않으면 달성하기 어려운 것임을 경고하고 있는 것으로 해석할 수 있다.

이처럼 탄소중립으로 가는 길은 아직 멀다고 할 수 있다. 우리나라는 어떤 상태일까? 좋은 점수를 받지 못한 게 현실이다. '한국의 SDGs지속가능발전 목표 이행 현황 2021' 자료를 보면, 국내총생산(GDP) 대비 온실가스 총 배출량은 경제협력개발기구OECD 33개 회원국 중 6번째로 많은 상태이다.[9] 또 1인당 연간 이산화탄소 배출량도 15.5t으로 세계 평균치(7.3t)의 두 배 수준을 상회하고 있다.[10]

우리나라는 오는 2030년까지 온실가스 배출량을 2018년 대비 40% 감축하는 방안을 탄소중립기본법 시행령에 담아 법제화

---

8   David Marchese(2022.4.22.), 'This Eminent Scientist Says Climate Activists Need to Get Real', The New York Times
9   통계청(2021.4), '한국의 SDGs 이행 현황 2021 발표'
10   이진우 등(2022.3.23.), '1인당 탄소배출 2배 많은 한국...탄소중립 충격 선진국중 가장 커', 매일경제

넥스트 ESG

그림1 OECD 국가의 GDP 대비 온실가스 총 배출량, 2018

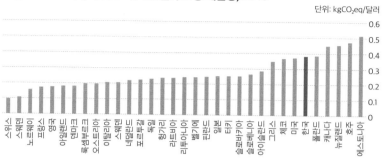

자료: OECD, 통계청 자료에서 재인용
주: 한국 데이터는 2016년 기준

한 상태이다. 또 '2030년 40% 감축 + 2050년 탄소중립'을 국제사회에 약속했다. 물론 이런 약속이 국제적으로 구속력을 갖는 것은 아니지만 글로벌 차원에서 기후변화를 완화하기 위해 온실가스 배출을 크게 줄여야 한다는 데 공감대가 강하게 형성돼있어 세계 10위 경제 대국인 우리나라로서는 약속한 대로 온실가스 배출을 줄여가는 게 불가피한 상황이다.

온실가스 배출 감축은 국가적 과제이다. 하지만 가장 중요한 실행 주체는 온실가스를 많이 배출하는 기업일 수밖에 없다. 우리나라의 경우 전력과 산업 분야가 전체 이산화탄소 배출량의 70%를 차지하고 있다. 국제 통계를 봐도 기업의 온실가스 배출 비중은 70% 선을 넘는다. 마이크로소프트 창업자인 빌 게이츠

표3 온실가스 배출량 중 인간 행위가 차지하는 비중

무언가를 만드는 것(시멘트, 철, 플라스틱)	31%
전기(전력생산)	27%
무언가를 기르는 것(식물, 동물)	19%
어딘가로 이동하는 것(비행기, 트럭, 화물선)	16%
따뜻하고 시원하게 하는 것(냉난방시설, 냉장고)	7%

자료: 빌 게이츠(2021), '빌 게이츠, 기후재앙을 피하는 법', 김영사

가 내놓은 통계(표3)를 보면, '무언가 만드는 것'(31%), 전기(27%), '어딘가로 이동하는 것'(16%) 등이 기업에 해당하는 항목이다.[11]

이에 따라 기업으로서는 기후변화 대응을 위한 온실가스 배출 감축이 발등의 불로 떨어져 있다. 기업들의 대응 상태는 어떨까? 타임지가 지난 10년 동안 300개 상장기업이 공시한 사업보고서 내용을 분석한 내용을 보면 기업의 기후변화 대응 상황이 잘 드러나고 있다.[12] 기업들은 기후변화 리스크를 분명하게 인식하고 있다. 2012년에만 해도 사업보고서에서 기후변화를 언급한 상장기업은 절반에도 미치지 못했다. 하지만 2021년에 이 비율은 91%로 크게 상승했다. 지속가능성을 언급한 기업 비율도 같

---

11 빌 게이츠(2021), '빌 게이츠, 기후재앙을 피하는 법', 김영사
12 EMILY BARONE·CHRIS WILSON(2022.4.19.), 'We Analyzed 300 Companies' Financial Documents to Find Out How Concerned They Are About Climate Change', Time

은 기간에 27%에서 80%로 올랐다. 하지만 구체적으로 기후변화 대응 목표를 달성하기 위한 계획 수립은 아직 부진한 실정이다. 재생에너지를 언급한 비율은 이 기간에 15%에서 37%로 늘어나는 데 그쳤으며, 특히 탄소 배출을 체계적으로 줄이는 데 활용되는 과학기반 감축목표^{SBTi}란 용어는 2017년에 사업보고서에 처음 선을 보인 데 이어 2021년에 거론된 비율은 7%에 불과하다. 이 같은 결과는 바로 지금이 앞에서 얘기한 '넥스트 ESG'의 단계에 본격적으로 시동이 걸리는 시점임을 잘 시사해주고 있다. 현재 기업들은 기후변화가 중요한 리스크임을 수용하고 있다. 구체적인 대응 방안을 수립하고 실행에 옮기는 넥스트 ESG 기업들도 적지 않게 나타나기 시작했다. 이런 흐름은 앞으로 더욱 확산될 것으로 예상된다.

지금까지 해온 얘기들은 ESG 중 E(환경), 특히 기업의 온실가스 배출에 쏠리는 관심이 상대적으로 큰 이유를 잘 설명해주고 있다. ESG와 관련, 환경과 관련된 항목은 사실 온실가스 배출 외에도 많다. 정보 공개 표준별로 보면 공통 항목은 온실가스 배출을 비롯해 에너지 사용, 물 사용, 폐기물 관리, 환경 법규 위반 등이다. 각 표준이 개별적으로 강조하고 있는 항목은 생물다양성$^{GRI, SASB}$, 공급업체 환경 평가^{GRI}, 환경 경영목표 및 환경라벨링$^{K-ESG}$ 등이다. 이 중에서 필자가 온실가스 배출과 관련해 강조하

표4 E(환경) 항목 현황

정보공개 표준	항목
한국거래소 권고 지표	온실가스 배출(직접 배출량, 간접 배출량, 배출 집약도), 에너지 사용(직접 에너지 사용량, 간접 에너지 사용량, 에너지 사용 집약도), 물 사용, 폐기물 배출, 환경 법규 위반·사고
GRI	원재료(원재료의 중량/부피, 재생 원재료 사용 등), 에너지(에너지 소비, 에너지 집약도 등), 용수(취수, 물 방류, 물 소비 등), 생물다양성, 배출(직접 온실가스 배출량, 간접 온실가스 배출량, 온실가스 배출량 감축, 오존층 파괴 물질의 배출량 등), 폐수 및 폐기물, 환경적 컴플라이언스(환경규제 위반), 공급업체 환경평가
SASB	온실가스 배출, 공기의 질, 에너지 관리, 연료 관리, 물과 폐수 관리, 폐기물과 위험 물질 관리, 생물다양성 영향
K-ESG	환경경영 목표, 원부자재(사용량, 재생 원부자재 비율), 온실가스(직간접 온실가스 배출량 및 검증), 에너지(사용량, 재생에너지 사용 비율), 용수(사용량, 재사용 용수 비율), 폐기물(배출량, 재활용 비율), 오염물질(대기오염물질 배출량, 수질오염물질 배출량), 환경 법/규제 위반, 환경 라벨링(친환경 인증 제품 및 서비스 비율)

주: GRI=Global Reporting Initiative, SASB=Sustainability Accounting Standards
    Board(지속가능회계기준위원회), K-ESG는 한국정부가 제시한 가이드라인임

고 싶은 항목은 공급업체 이슈이다. 기후변화에 대응하기 위해서는 가장 많이 온실가스를 배출하는 기업의 적극적인 참여가 중요하다. 그런데 뒤에서 자세하게 설명하겠지만 온실가스는 기업의 공급망에서 배출되는 비중이 상당히 높아 공급망을 얘기하지 않고는 온실가스 감축을 얘기할 수 없는 상황이다. 온실가스 감축과 관련해 공급망에 대한 심층 분석이 필요한 이유이다.

공급체인의
탄소 배출 경로

 우리나라는 오는 2050년까지 탄소중립을 달성하겠다고 국제사회에 약속했다. 탄소중립은 배출하는 탄소량을 흡수하는 탄소량과 같게 해 실질적인 배출량이 0$_{제로}$가 되게 한 상태를 말한다. 이 목표 달성을 위해서는 중단 단계를 설정하는 게 필요하다. 점진적으로 꾸준히 줄여나가는 것을 확인해야 하기 때문이다. 우리나라의 경우 중간 점검을 하는 시기는 2030년이다. 당초 2030년까지 국가 온실가스 감축 목표$_{NDC}$는 2018년 대비 26.3%였다. 하지만 2050탄소중립위원회는 2021년 10월 NDC를 40%로 크게 올렸다.

 탄소중립 목표와 일정이 확정됨에 따라 당장 발등의 불이 떨어진 곳은 기업이다. 문제는 기업이 탄소 배출을 줄여야 하는 범위와 대상이 그리 간단하지 않다는 데 있다. 탄소 배출의 전모를 파악하기 위해서는 생소한 전문 용어에 익숙해져야 한다. 스코프Scope 1, 스코프 2, 스코프 3가 바로 그것이다. 이 세 가지의 스코프는 기업이 탄소를 배출하는 모든 영역을 담고 있다.

먼저 스코프 1은 기업이 소유하고 통제하고 있는 곳에서 발생하는 직접적인 탄소 배출이다. 화학 공정, 보일러, 터빈, 소각로 등이 대표적 사례이다. 언뜻 기업이 배출하는 탄소는 여기에서 다 나오지 않을까 생각해볼 수 있다. 기업의 탄소 배출은 여기에 그치지 않는다. 기업은 외부에서 전기와 동력을 구매한다. 이 전기와 동력이 생산되는 과정에서도 탄소가 배출된다. 이게 바로 스코프 2이다. 간접적인 탄소 배출량인 것이다.

표5 탄소 배출 유형

탄소배출 유형	스코프	정의	예
직접 배출	1	기업이 소유/통제하는 시설에서의 탄소 배출	기업이 소유/통제하는 보일러, 용광로, 차량, 화학 공정
간접 배출	2	구매한 전기, 스팀, 열 등에서 발생한 탄소 배출	구매한 전기, 스팀, 열, 냉방의 사용
	3	스코프 2에 포함되지 않은 모든 간접 탄소배출	구매 제품, 구매 또는 판매 제품의 수송

자료: Corporate Value Chain(Scope 3) Accounting and Reporting Standard, wbcsd

스코프 1과 스코프 2는 이해하기 어렵지 않다. 스코프 3가 문제다. 스코프 3는 협력 업체와 물류, 제품의 사용과 폐기과정에서 발생하는 외부 탄소 배출을 말한다. 다시 말해, 원자재 공급 업체, 물류 업체, 폐기물처리 기업, 여행사, 임대 및 임차 부동산, 프랜차이즈, 소매업체, 소비자 등이 여기에 포함된다. 스코프 3는 따라서 기업이 소유하거나 통제하지 않고 있는 외부 시설에서 발생한 탄소 배출인 것이다. 그만큼 기업 입장에서 측정하고 관리하기 쉽지 않은 대상이다. 당초 탄소 배출하면 스코프 1을 얘기했으나 점차 스코프로 영역이 확대되더니 이제는 스코프 3까지 영역이 확장된 상태다. 애플의 경우 2020년 7월에 오는 2030년까지 자사 제품의 가치사슬 전체를 아우르는 영역에서 탄소중립을 이루겠다는 계획을 발표해 주목을 받았다. 스코프 1에서 스코프 3까지를 포괄하는 기업 활동의 모든 범위에서 실질적인 탄소 배출량을 늘리지 않겠다는 파격적인 선언으로 받아들여졌다. 대부분 국가가 목표로 잡고 있는 탄소중립 시점이 2050년 이후인데 애플은 이보다 20년 이상 빠른 시기에 탄소중립을 달성하겠다는 공세적인 청사진을 제시한 것이다.

여기에서 스코프 3에 대해 자세하게 알아보자. 스코프 3는 크게 두 가지로 구분된다. 하나는 업스트림Upstream 탄소 배출이고 다른 하나는 다운스트림Downstream 탄소 배출이다. 업스트림 탄소

배출은 기업이 구매하거나 획득한 상품 및 서비스와 관련된 탄소
배출을 말한다. 이에 비해 다운스트림 탄소 배출은 기업이 판매
한 제품 및 서비스와 관련된 탄소 배출이다. 업스트림과 다운스
트림에 포함된 스코프 3는 모두 15가지의 활동으로 나뉘어지는
데 그 구체적 내용은 아래 표와 같다.

표6 스코프 3의 유형

업스트림 스코프 3	1. 구매 상품과 서비스 2. 자본재 3. 스코프 1과 스코프 2에 미포함된 연료와 에너지 관련 활동 4. 업스트림 수송과 유통 5. 폐기물 6. 비즈니스 여행 7. 직원의 출퇴근 8. 업스트림 임차 자산
다운스트림 스코프 3	9. 다운스트림 수송과 유통 10. 판매 제품의 가공 11. 판매 제품의 사용 12. 판매 제품의 폐기 처리 13. 다운스트림 임대 자산 14. 프랜차이즈 15. 투자

　스코프 3에 포함되는 15가지 활동의 구체적 내용에 대해 알
아보자. 얼마나 많고 다양한 활동이 포함돼 있는지를 알 수 있게
될 것이다. 기업이 탄소 배출을 측정하고 관리하기 어려운 이유
가 여기에 있다.

업스트림

1) 구매 상품과 서비스: 기업이 구매하거나 획득한 상품과 서비스의 생산, 수송 등이 여기에 해당한다. 세부적으로 보면 ▲원자재 채취 ▲농업 생산 ▲제조, 생산 및 가공 ▲업스트림 활동으로 소비되는 전기의 생산 ▲업스트림 활동에서 발생한 폐기물의 처리 ▲토지 사용 ▲협력 업체 사이의 원자재와 제품의 수송 등이다.

2) 자본재: 기업이 구매하거나 획득한 자본재의 생산과 수송 등이 포함돼 있다. 자본재는 시설, 장비, 빌딩, 설비, 그리고 차량을 말한다.

3) 스코프 1과 스코프 2에 미포함된 연료와 에너지 관련 활동: 기업이 사거나 획득한 연료와 에너지의 생산과 수송 등을 말한다. 스코프 1과 스코프 2에 이미 포함된 연료와 에너지는 제외된다. 세부적으로는 기업이 사용한 연료의 채취, 생산과 수송, 기업이 소비한 전기, 스팀, 열, 냉방의 생산과정에서 쓰인 연료의 채취, 생산, 수송 등이 있다.

4) 업스트림 수송과 유통: 기업이 구매한 제품의 수송과 유통으로 항공운송, 철도 운송, 도로운송, 해상운송, 구매 제품의 창고 보관 등에서 탄소가 배출된다.

5) 폐기물: 기업이 소유하거나 통제하는 활동에서 발생한 폐기물의 처분을 말한다.

6) 비즈니스 여행: 직원들이 제삼자가 소유하거나 운영하는 항공, 철도, 버스, 승용차 등 여행 수단을 이용해 비즈니스 여행을 할 때 발생하는 탄소 배출이 여기에 해당된다.

7) 직원의 출퇴근: 직원들이 집에서 직장으로 출퇴근할 때 이용하는 교통수단에서 발생하는 탄소 배출을 말한다. 승용차, 버스, 철도, 항공 등을 포함하며 팬데믹 기간 중 확산된 재택근무 등 원격 근무도 여기에 해당될 수 있다. 직원의 출퇴근은 기업이 항상 구매하거나 보상해주는 것은 아니지만 구매 상품과 서비스와 유사하게 기업의 활동을 가능하게 해주는 서비스여서 업스트림 스코프 3로 간주되고 있다.

8) 업스트림 임차 자산: 기업이 업스트림 활동에서 임차한 자산에서 발생하는 탄소 배출이다. 임대인의 직접 탄소 배출(스코프 1)과 구매 전기에서 발생한 간접배출(스코프 2)이 임차 기업의 스코프 3가 된다.

다운스트림

9) 다운스트림 수송과 유통: 기업이 판매한 제품의 수송과 유통에서 발생한 탄소 배출이 여기에 해당되는데 기업이 소유하지 않거나 통제하지 않는 차량이 이용된다. 창고나 유통센터, 그리고 소매 시설에서의 판매 제품 저장, 항공 운송, 철도 수송, 도로 수송, 해상 운송 등이 여기에 포함된다.

10) 판매 제품의 가공:기업이 제3의 기업에 판매한 중간재가 이 기업에 의해 가공되는 과정에서 발생하는 탄소 배출이 여기에 해당된다.

11) 판매 제품의 사용: 판매 제품의 사용 과정에서 배출되는 탄소를 말한다.

12) 판매 제품의 폐기 처리: 판매한 제품을 폐기할 때 발생하는 탄소 배출이다.

13) 다운스트림 임대 자산: 다른 기업에 임대한 기업 소유 자산에서 발생한 탄소 배출이 여기에 해당된다.

14) 프랜차이즈: 프랜차이즈 활동에서 발생하는 탄소 배출

15) 투자: 민간이나 공공 금융기관이 투자한 기업에서 발생하는 스코프 1과 스코프 2 탄소 배출이 금융기관의 스코프 3 탄소 배출에 해당된다.

표7 판매 제품의 사용 중 발생하는 탄소 배출 유형

탄소배출 유형	제품 유형	예
직접적 사용 단계 탄소 배출	사용 중 직접 에너지를 소비하는 제품	자동차, 항공기, 빌딩, 전자기기, 전구, 데이터센터 등
	연료와 원료	석유 제품, 천연가스, 석탄, 원유, 바이오연료
	온실가스와 사용 중 배출되는 온실가스를 포함하는 제품	이산화탄소, 메탄, 아산화질소, 냉장 및 냉방기기, 산업가스, 소화기, 비료
간접적 사용 단계 탄소 배출	사용 중 간접적으로 에너지를 소비하는 제품	의류(세탁과 건조), 음식(요리와 냉장), 비누와 세제(온수)

스코프 3
탄소 배출의 리스크와 기회

지금까지 살펴본 스코프 3 탄소 배출은 기업 외부의 광범위
한 활동에 퍼져있다. 그만큼 기업 스스로 관리하기에는 난이도
가 높은 문제이다. 그렇다고 쉽게 넘겨버릴 수 있는 사안은 아니
다. 무엇보다 리스크가 크기 때문이다.[13] 기업이 스코프 3와 관련
해 직면할 수 있는 리스크는 크게 다섯 가지로 나뉜다. 먼저 규
제 리스크이다. 기업이나 납품업체, 그리고 소비자들이 있는 지역
에서 탄소 배출 감축 법규가 만들어지면 바로 직면하게 되는 리
스크이다. 또 납품 기업들이 에너지 다소비 또는 배출 감축에 따
른 비용을 소비자에게 전가할 가능성이 있다. 다음은 제품 수요

---

13 World Resources Institute, Corporate Value Chain(Scope 3) Accounting and Reporting
Standard

가 줄어들 위험성이다. 탄소 배출은 기업의 평판에 영향을 미친다. 요즘 소비자, 이해관계자, 미디어들은 탄소 배출이 많은 기업에 대해 부정적인 평가를 하고 있다. 이에 따라 저탄소 배출 기업의 제품에 대해서는 소비자 수요가 늘고, 그렇지 않은 제품은 소비자가 외면할 공산이 크다. 소송 리스크도 생길 수 있다. 제품을 파는 기업이나 가치사슬 상의 공급업체를 대상으로 탄소 배출 관련 소송이 제기될 수 있다.

하지만 기업이 스코프 3에 잘 대응하면, 새로운 기회들이 생겨날 수 있다. 먼저, 탄소 배출을 줄이는 데 성공하면 생산 원가를 줄여 경영의 효율성을 높일 수 있다. 또 탄소 배출 감축을 위한 노력은 공급체인 관리와 제품 디자인에 있어서 혁신을 유발하는 새로운 계기가 될 수 있다. 제품 판매에도 긍정적 영향이 예상된다. 저탄소 배출 상품은 소비자들이 높게 평가하는 경향이 있어 해당 제품에 대한 수요가 늘어날 가능성이 크다. 결국은 환경을 중시하는 시장 여건 속에서 기업이 스스로를 차별화하는 방법이 탄소 배출 감축인 것이다.

기업들은 지금까지 살펴본 스코프 3 탄소 배출에 따른 리스크를 최소화하고 기회를 극대화하기 위해 다양한 노력을 펼치고 있다. 글로벌 기술엔지니어링 기업인 아벤고아Abengoa의 경우, 스코프 3 탄소 배출을 측정하고 관리하기 위해 다음과 같은 방법을 쓰고 있다. 먼저, 모든 납품 기업은 아벤고아가 구매하는 제품과 서비스에 대해 온실가스 배출 보고 시스템을 도입해야 한다. 아벤고아는 협력 업체들이 온실 가스 배출량을 확정할 수 있도록 상세한 가이드라인을 제공하고 있으며 이들 기업의 배출량에 대해 제3의 기관 인증을 의무화하고 있다. 특히 공급업체 경영진들이 아벤고아의 지속가능 경영목표와 관행을 준수할 것을 확약하도록 하고 있다.

이번에는 글로벌 화학 기업인 바스프BASF의 사례를 살펴보자. 바스프는 서비스와 제품 납품 기업을 선정할 때 가격뿐만 아니라 환경과 사회적 책임 부문에서의 성과도 같이 살펴보고 있다. 아무리 납품 가격이 낮아도 환경과 사회적 책임을 적절한 수준으로 만족시키고 있지 못하면 납품 기회를 주지 않고 있다. 바스프의 스코프 3 상황을 보면 화학 기업으로서의 특징이 그대로 나타나고 있다. 예컨대 스코프 3의 첫 번째 활동인 '구매 상품과 서비스'에서 발생하는 탄소 배출을 보면, 원료가 약 93%를 차지하고 포장과 서비스, 설비의 비중은 7%에 불과하다. 원료가 압도적 비중을 차지하고 있다. 바스프는 납품 기업과의 협업을 통해 원료의 탄소 배출을 줄이는 데 주력하고 있다.

스웨덴의 가구 제조기업인 이케아IKEA는 어찌 보면 가장 까다로운 이슈를 다루고 있다. 그것은 제품의 사용 단계에서 발생하는 탄소 배출을 측정하고 관리하는 일이다. 이케아가 탄소 배출을 측정하는 가구는 글로벌 무대에서 팔리고 있는 모든 제품을 대상으로 하고 있다. 이케아는 판매 제품들을 15개의 그룹으로 구분한 다음 각 그룹별로 평균 전력수요, 연간 평균 사용시간, 그리고 제품의 평균 수명을 산출하고 있다. 이런 정보들은 납품 기업들이 제공한다. 이케아는 이같은 정보들을 활용해 제품의 사용 가능 기간 중 에너지 사용량을 계산해낸 다음 예상 온실가스 배출량을 추정해내고 있다. 과거의 통계를 보면, 이케아가 판매한 제품이 사용 단계에서 배출한 탄소량은 '스코프 1 + 스코프 2 + 스코프 3' 합계 배출량의 20%를 차지하는 것으로 나타났다. 전체 배출량의 5분의 1이 제품 소비단계에서 발생하고 있는 것이다. 이케아 입장에서는 탄소 배출 감축의 열쇠를 제품의 소비자가 쥐고 있는 것이나 마찬가지인 셈이다. 이케아는 이에 따라 판매 제품의 전력 효율을 높이는 것만으로도 전사적 온실가스 감축을 크게 줄일 수 있다고 판단했다. 그 결과, 당시 이케아는 2015년까지 모든 제품의 전력 효율을 2008년보다 50% 이상 올리겠다는 목표를 세웠다. 이는 연간 5, 6백만 톤 규모의 온실가스를 줄이는 일인데 이 같은 감축 목표치는 스코프 1과 스코프 2의 배출량을 크게 상회하는 수준이다. 제품의 전력 효율을 높이는 것만으로도 이케아는 배출량 감축에 상당한 진전을 이룰 수 있게 된 것이다.

이와 함께 탄소 배출에 가장 민감한 산업 중의 하나인 정유업종도 잇따라 스코프 3 범주에서 2050년 탄소중립을 선언하고 있다. 예를 들면, 지난 2020년에 브리티시 페트롤리엄^{BP}과 셸이 스코프 3를 포함한 탄소 배출량 감축을 발표했다. 국내에서는 SK 이노베이션이 스코프 1·2·3을 포괄하는 탄소 배출을 줄이겠다고 공표했다.

그러면 경영진들은 탄소 배출 공시에 어떤 입장을 보이고 있을까? 딜로이트가 경영자 300명을 대상으로 조사한 결과를 보면 스코프 1과 스코프 2 공시를 할 준비가 돼 있다는 응답 비율은 각각 58%와 47%인 반면 스코프 3 공시 응답은 31%에 그쳤다. 그만큼 기업이 통제하고 관리하기 어려운 스코프 3 탄소 배출을 측정하는 게 쉽지 않은 것이다. 실제로 스코프 3의 활동 중 측정이 불가능하다고 응답한 비율은 생애주기 말기에 있는 판매 제품의 처리(45%), 연료 및 에너지 관련 활동(40%), 판매 제품의 가공(36%), 다운스트림 수송 및 유통(35%), 판매 제품과 서비스(32%) 등이다.[14]

---

14 Deloitte(2022.3), 'ESG executivie survey, Preparing for high-quality disclosures'

빨라지는
기후공시 시계時計

그동안 ESG 공시에 있어 가장 큰 문제로 지적돼온 것은 관련 지표가 600여 개나 돼 혼선이 적지 않다는 점이었다. 신뢰도가 높고, 일관성이 있고, 비교 가능한 지표를 만들어 내는 표준화 작업의 중요성이 강조돼온 이유이다. ESG의 'E(환경)'에 해당하는 탄소 배출도 상황은 유사하다. 관련 지표와 공시 방식의 표준화 논의가 활발하게 진행되고 있다.

탄소 배출 공시를 표준화하기 위한 논의는 현재 ISSB국제 지속가능성 기준위원회에서 집중적으로 진행되고 있다. ISSB는 지난해 10월 31일부터 11월 13일까지 영국 글래스고에서 열린 제26차 유엔기후협약 당사국총회COP26에서 국제회계기준을 관장하는 IFRS 재단이 출범시킨 조직이다. 이로써 IFRS 재단은 산하에 두 개 위원회를 두게 됐다. 하나는 재무제표에 적용되는 IFRS 회계기준을 정하는 IASB국제회계기준제정위원회이고, 다른 하나는 이번에 출범한 ISSB로 지속가능성과 ESG 공시 기준을 만드는 작업을 맡게 됐다. 흥미로운 점은 ISSB의 초대 의장으로 선임된 인물이 생수 에비앙으로 유명한 프랑스 식품 기업인 다농의 CEO 출신인 에마뉘엘 파베르라는 점이다. 파베르는 재직 기간 중 탄소 비용을 반영한 '탄소조정 당기순이익'을 핵심 성과지표로 활용하는 등 ESG를 적극적으로 실천해온 기업인이었다. 하지만 실적 부진이 이어지자 아이러니하게도 ESG를 앞장서서 전파하고 있는 블랙록 등 기관투자가에 의해 해임됐다. 어찌 됐든 파베르가 지속가능성 보고기준 제정을 맡게 됐다는 사실은 진정성 있는 표준화 작업이 추진될 것임을 시사해주고 있다.

이렇게 간판을 달고 표준화 업무를 시작한 ISSB는 ESG 같은 비재무 정보를 기존의 재무 정보에 연결해 기업의 진정한 가치를 평가할 수 있는 기반을 마련할 것으로 예상된다. ISSB에 대응하기 위해 국내에서도 KSSB가 출범을 준비하고 있는데 이 작업에 참여하고 있는 한 전문가는 지속가능 공시가 재무 보고의 틀인 사업보고서에 반영될 가능성이 크다고 내다봤다.

ISSB는 2021년 11월에는 두 가지의 중요한 프로토타입prototype 을 발표했다. 바로 일반 지속가능성 공시와 기후 관련 공시이다. 일반 지속가능성 공시는 지배구조와 전략, 위험 관리 등을 재무 보고의 일부로 공시하며 보고 주기도 재무 보고와 동일하게 운용한다는 내용을 담고 있다.[15] 기후 관련 공시는 G20 재무장관과 중앙은행 총재들이 금융안정위원회FSB 안에 만든 '기후변화 관련 재무 정보 공시를 위한 태스크포스TCFD'가 만든 권고안을 바탕으로 만들어졌다. TCFD 안은 금융기관이 기후 변화 정보를 토대로 대출 등을 결정하도록 기업과 금융기관이 기후변화 관련 정보를 공개하는 기준을 제시하고 있다. 기후변화와 관련된 TCFD의 재무정보 공개안은 지배구조, 전략, 리스크 관리, 지표 및 목표치 이 4개 영역을 핵심으로 하고 있다. 지배구조의 경우 기후 리스크와 기회에 대한 이사회의 관리 및 감독 내용 등을, 그리고 전략에서는 단기, 중기, 장기적인 기후변화 관련 리스크와 기회 등을 공개하도록 하고 있다. 특히 지표에서는 온실가스 배출 정보와 관련 리스크를 알리도록 돼 있다.

ISSB는 일반 지속가능성 공시와 기후 관련 공시, 두 가지 프로토타입에 대한 의견 수렴 작업을 거쳐 2022년 안에 최종 기준

---

15 ISSB의 일반 지속가능성 공시 초안은 뒤에서 공시 이슈를 논의할 때 상세하게 설명할 예정이다.

표8 TCFD 기후공시 권고안

항목	내용	공시 권고
지배구조	기후 위험/기회 관련 지배구조 공시	• 기후변화 위험/기회에 대한 이사회의 감독 설명 • 기후변화 위험/기회를 평가하고 관리하는 경영진의 역할 설명
전략	기후 위험/기회가 전략과 재무 계획에 미치는 실재적, 잠재적 영향 공시	• 단기, 중기, 장기에 걸쳐 파악한 기후변화 위험/기회 설명 • 기후변화 위험/기회가 사업, 전략, 재무 계획에 미치는 영향 설명 • 기온 상승폭 2℃ 이하 억제 등 시나리오 감안 시 전략의 탄력성 설명
리스크 관리	기후 위험을 어떻게 확인, 평가, 관리하는지 공시	• 기후 위험의 확인/평가 절차 설명 • 기후 위험 관리 절차 설명 • 기후 위험 확인/평가/관리 절차가 어떻게 전반적 리스크 관리에 통합돼있는지 설명
지표 및 목표	기후 위험/기회의 평가/관리위한 지표 및 목표 공시	• 전략과 위험 관리 절차에 따라 기후 위험/기회를 평가하는 데 사용된 지표 공시 • 스코프 1과 스코프 2, 그리고 해당될 경우 스코프 3 배출량과 관련 위험을 공시 • 기후 위험/기회와 목표대비 실적을 관리하는 데 사용된 목표치 설명

을 발표한다는 계획이다. 그러면 여기에서 탄소 배출과 관련된 ISSB의 기후관련 공시 프로토타입을 소개해보려 한다. 기후 관련 공시는 크게 목표, 적용 영역, 지배구조, 전략, 위험 관리, 측정 지표 등으로 구성돼 있다.

측정 지표(Metrics and targets)

먼저, 지금까지 집중적으로 논의해온 탄소 배출 관련 지표의 공시 기준에 대해 알아보자. ISSB는 온실가스 배출과 관련해서는 기업이 직접 배출하는 스코프 1은 물론 간접 배출하는 스코프 2와 스코프 3를 모두 공시하도록 하고 있다. 가치 사슬 전반에서 발생하는 탄소 배출을 포함한 전체 배출량을 공시하라는 요구이다. 특히 스코프 3와 관련해서는 기업이 해당 지표에 포함된 활동에 관해 설명하도록 하고 있다. 예컨대 온라인 소매업체의 경우 상품을 소비자에게 전달하는 과정에서 운송과 유통 서비스를 구매함으로써 온실가스를 배출할 수 있다. 온라인 소매업체는 이 같은 온실가스 배출이 기업 가치에 중대한 영향을 미친다고 판단하면, 이에 대해 상세한 설명을 해야 한다. ISSB 안이 앞에서 언급한 TCFD 권고안을 바탕으로 하고 있지만 스코프 3 배출량 공시에 관한 한 두 안 사이에 다소 차이가 있다. TCFD안은 스코프 3 공시와 관련해 '해당될 경우if appropriate'라는 단서 조항을 두고 있지만 ISSB안은 전제 조건없이 스코프 3 배출량 공시를 요구하고 있다.

이와 함께 기업은 기후변화에 따른 물리적 리스크와 전환 리스크를 공시하도록 ISSB의 기후관련 공시 프로토타입은 규정하고 있다. 여기에서 말하는 물리적 리스크는 기상이변 등 직접적인 재난에 자산이나 기업 활동이 어느 정도 노출돼있는지를 말한다. 또 전환 리스크는 저탄소 경제로 이전하는 과정에서 고탄소 의존 사업 모델을 가진 회사의 자산가치나 기업 활동이 어느 정도 취약한지를 뜻한다.

목표(Objectives)

기업은 기후 관련 리스크와 기회에 대한 정보를 공시하게 돼 있다. 이는 공시 정보 이용자들이 기후 변화 관련 리스크와 기회가 단기, 중기 그리고 장기에 걸쳐 기업의 재무적 성과와 현금 흐름에 미치는 영향을 판단하는 데 도움을 줄 것이기 때문이다.

지배구조(Governance)

기업은 기후 관련 리스크와 기회를 모니터하고 관리하는 지배구조의 과정과 통제 절차에 대해 공시해야 한다. 특히 이 리스크와 기회를 감독하는 이사회와 관련 위원회 등 지배구조 기구에 대해 설명하고, 경영진은 어떤 역할을 하는지에 대해 밝혀야 한다.

전략(Strategy)

기업은 정보 이용자들이 기업이 기후 관련 리스크와 기회를 다루는 전략에 대해 이해할 수 있도록 다음과 같은 정보를 공시하도록 돼 있다.

- 단기, 중기 그리고 장기에 걸쳐 기업의 사업 모델과 전략, 그리고 현금 흐름에 영향을 미칠 것으로 합리적으로 예상되는 기후 관련 중요 리스크와 기회
- 기후 관련 중대 리스크와 기회가 사업 모델, 경영진의 전략과 의사 결정, 재무적 성과와 현금 흐름에 미치는 영향
- 기후 변화에 따른 물리적 리스크와 전환 리스크에 대한 기업 전략의 회복탄력성

지금까지 주요 내용을 소개한 ISSB의 지속가능공시 기준 프로토타입은 최종 확정돼 발표될 경우 빠르게 확산될 것으로 전망되고 있다. KPMG는 ISSB 기준이 증권 거래의 규제 및 감독에 관한 국제협력 문제를 검토하는 국제기구인 국제증권관리위원회IOSCO의 지지를 받고 있어 여러 국가와 규제 기관에서 신속하게 도입할 것으로 내다보고 있다. 특히 기업들은 규제와 무관하게 ISSB 기준을 적용하라는 투자자의 압박이 커질 것으로 보여 자발적 채택이 잇따를 것으로 예상되고 있다. 정부와 국내 기업은 ISSB 기준에 따른 비재무 공시가 도입된다는 전제 아래 이에 대비하기 위한 민관협력 체제를 가동해야 한다. 국내기업으로서는 스코프 3 탄소 배출 공시가 상당히 부담스러운 과제이긴 하지만 거스를 수 없는 글로벌 공시체제로 자리를 잡아갈 가능성이

크기 때문에 이에 정교하게 대응해나가야 한다. 이제 스코프 1과 스코프 2는 물론 스코프 3 탄소 배출량을 공시하고 이를 줄여나가지 않으면 글로벌 비즈니스를 하기 어렵다는 비상한 각오로 대응해나가는 게 불가피하다.

미국 SEC의
기후공시 정책

기업의 탄소 배출 공시 문제는 미국에서도 핫이슈가 되고 있다. 친환경 정책 기조가 강한 바이든 행정부가 들어서면서 관련 정책에 본격적으로 시동이 걸리고 있다.

현재 미국 기업들은 기후 관련 공시에 어떤 입장을 취하고 있을까? 저스트 캐피탈Just Capital이 2022년 미국의 정의로운 기업 랭킹을 정할 때 13개 환경 지표가 잘 공시되고 있는지를 조사한 결과를 보면[16] 미국 기업들은 합격점을 받기는 어려운 상태이다. 저스트캐피탈은 러셀1000 지수에 편입된 시가총액 상위 1,000개

---

16 Laura Thornton 등(2022), The Current State of Environment Disclosure in Corporate America: Assessing What Data Russell 1000 Companies Publicly Share, Just Capital

기업을 대상으로 이 조사를 실시했다. 결과를 보면, 판매 제품의 사용이 유발하는 스코프 3 탄소 배출을 공시한 기업은 10%에 불과했으며 2050년까지 탄소중립을 선언한 기업도 11%에 그쳤다. 또 비즈니스 여행에 따른 스코프 3 탄소 배출(30%)과 재생에너지 사용 비율(32%)도 공시 비율이 낮은 수준에 머물고 있다. 스코프 1과 스코프 2의 탄소 배출 공시가 57%를 기록하고 있는 정도이다. 기업별 특성을 보면, 2019년 8월에 이해관계자 자본주의 선언을 한 미국 재계 단체인 비즈니스라운드테이블BRT 회원사가 공시하고 있는 환경지표는 평균적으로 5.7개인 반면 BRT 회원사가 아닌 기업은 절반 수준인 2.5개에 불과하다. 말 그대로 ESG 경영에 적극적인 BRT기업들이 환경 지표 공시에도 더 나은 모습을 보이고 있다.

이런 상황에서 미국 증권거래위원회SEC는 지난 3월에 상장기업에 기후 관련 공시를 의무화하는 방안을 발표했다. SEC의 이번 방안은 앞에서 소개한 ISSB의 기후관련 공시처럼 TCFD의 권고안을 많이 참고해 만들어졌다. 그런 만큼 상장사들이 자사의 기업 활동에 관련된 중요한 기후 관련 리스크와 기회를 평가하고 공시하도록 권고하고 있다. 이에 따라 미국 증시에 상장된 미국과 해외 기업들은 사업보고서와 정기 보고서를 통해 다음과 같은 기후 관련 정보를 공시하게 돼 있다.

- 기후 관련 리스크와 이 리스크가 상장사의 사업, 전략 그리고 전망에 미치는 실제적이거나 예상되는 중대한 영향
- 기후 관련 리스크의 지배구조와 리스크 관리 과정
- 온실가스 배출량
- 기후 관련 재무 지표와 관련 공시

여기에서 탄소 배출 공시와 관련해 주목할 점은 기업이 직접 배출하는 스코프 1 탄소와 간접 배출하는 스코프 2 배출은 모든 상장사가 공시하도록 하고 있다는 것이다. 이에 비해 구매와 판매에 따른 15개 기업 외부 활동에서 발생하는 스코프 3 탄소배출은 제한적으로 공시가 의무화됐다. SEC는 스코프 3 탄소 배출이 상장사에 중요한 경우, 그리고 상장사가 스코프 3를 포함한 탄소 감축 목표를 설정한 경우 이를 공시하도록 했다. 여기에서 '중요한 경우'라는 표현이 추상적이어서 혼선이 일고 있는데 SEC는 부연 설명을 통해 합리적인 투자자가 투자를 하거나 의결권을 행사할 때 스코프 3 배출이 중요하다고 판단할 가능성이 크다면 스코프 3 탄소 배출을 공시해야 한다고 밝혔다. 특히 스코프 3 배출이 전체 온실가스 배출량 중 차지하는 비중이 중요성을 판단하는 척도가 되는 데 대략 40% 선이 되지 않을까 하는 관측이 나오고 있다.

이와 함께 SEC는 기업 규모 별로 탄소 배출 공시 시기를 차등화한 안을 내놓았다. 스코프 1과 스코프 2 배출 공시는 대기업은 2023 회계연도에, 중소기업은 이보다 2년 늦은 2025년 회계연도에 하도록 했다. 스코프 3 공시의 경우 스코프 1과 스코프 2의 공시 시기보다 1년을 늦춰 잡았으며 중소기업에 대해서는 공시를 면제해줬다.

표9 기업규모 별 탄소 배출 공시안(SEC)

	스코프 1과 스코프 2 배출	스코프 3 배출
대기업	2023 회계연도	2024 회계연도
중견기업	2024 회계연도	2025 회계연도
중소기업	2025 회계연도	면제

자료: FACT SHEET 'Enhancement and Standardization of Climate-Related Disclosures, SEC

이번 SEC의 기후공시 방안은 외국의 제도와 보조를 맞췄다는 평가를 받고 있다. 다만 시기는 1년 이상 늦었다는 지적이다. 유럽연합(EU)의 경우 2024년부터 기업지속가능성공시지침CSRD를 시행해 기업들의 ESG 공시를 의무화할 예정이며, 영국은 이미 지난 4월부터 기후공시 의무화 조치를 시행하고 있다. 뉴질랜드도 2023년부터 비슷한 조치를 기업들에 적용할 방침이다.

SEC의 이번 방안은 앞서가는 EU의 공시제도와 유사점은 물

표10 ESG와 기후 관련 공시

	규정	공시 주제	시행시기
EU	기업지속가능성공시지침 (CSDR)	ESG	2024년 1월
미국	SEC 기후 공시	환경, 기후	2024년(제안)
글로벌	ISSB	환경, 기후	추후 결정 (2023년 예상)

자료: SEC's Proposed Climate Disclosures Would Bring the US into Line with Global Practices (2022.4), Sustainable Fitch

론 차이점도 가지고 있다. 유사점은 기후 공시와 제3의 기관에 의한 인증 등을 의무화함으로써 기후 변화와 저탄소 경제로의 전환이 기업의 사업과 재무적 전망에 미치는 영향에 초점을 맞추고 있다는 점이다. 반면, 차이점은 미국과 달리 EU는 기후 변화가 기업 비즈니스에 미치는 영향은 물론 기업의 경영 활동이 환경에 미치는 영향도 공시를 의무화하는 방안을 검토하고 있다는 점이다. 이른바 이중 중대성double materiality 접근 방법이다. 이중 중대성은 국제적으로 지속가능성 프레임워크로서 많은 관심을 끌고 있는 이슈이다. 예를 들어 IFRS 재단은 지난 3월 지속가능보고서 표준화를 담당해온 GRI와 협업을 발표했는데 이 두 기관은 앞으로 기후 변화가 기업 가치에 주는 영향과 기업이 환경과 사회에 미치는 영향을 평가하는 방안을 투자자들에게 제공할 계획이다. 이중 중대성 평가 프레임워크를 만들겠다는 것이다.

어쨌든 SEC의 기후공시 방안은 탄소 배출 등 기초자료를 표준화하는 계기가 될 것으로 기대되고 있다. 특히 규제도 규제지만 기후 리스크를 관리, 평가, 완화하는 기업의 관행에 커다란 영향을 미칠 것으로 보인다. 중요한 점은 SEC 방안이 기후와 환경 관련 공시를 확대라는 요구의 끝을 의미하는 것은 아니라는 데 있다. SEC 방안이 나오기 전에도 투자자들은 기업들이 지속가능 공시를 자발적으로 채택하도록 압박해왔다, 이런 상황에서 ISSB의 기후 관련 공시 초안이 나오고 유럽도 기업지속가능성공시지침을 시행하려는 채비를 갖추고 있어 공시에 대한 투자자들의 요구는 더욱 확대될 공산이 크다.

하지만 SEC의 기후 공시 방안은 앞으로의 진행 상황이 순탄하지는 못할 전망이다. 무엇보다 미국 공화당 인사들과 재계가 크게 반발하고 있다. SEC 위원 중 이번 안에 대해 유일하게 반대한 공화당 측 헤스터 퍼스 위원은 SEC 안이 "그동안 유지돼온, 일관되고 비교 가능하고 신뢰할 수 있는 기업 공시체제를 훼손할 것"이라고 비판했다. 미 상공회의소도 기업들에 대한 기후소송 리스크가 커질 것을 우려하는 입장을 표명했다.[17] 실제로 서스테이너블 피치Sustainable Fitch는 보고서에서 기업들이 탄소중립 전략과

---

17 이코노미조선(2022.3.28), '美 SEC, 상장사에 직간접 온실가스 배출량 공시 의무화'

배출량 등에 대한 공시를 늘리면서 ESG와 기후 관련 소송이 늘어나고 있다고 밝혔다.[18] 소송이 예상되는 경우는 기업이 서로 다른 보고서에서 공시한 기후 데이터가 크게 차이가 나는 경우이다. 하지만 이는 기업이 주의를 기울여야 할 문제이지 소송 리스크 자체가 문제가 된다고는 할 수 없다.

이번 SEC의 안과 관련해 앞으로 지켜봐야 할 대목은 SEC가 기업에 기후 관련 공시를 강제할 권한을 가졌는지를 놓고 진행될 것으로 예상되는 법적 공방이다. 미국 연방증권법은 SEC가 공공의 이익과 투자자 보호를 위해 필요한 적절한 공시를 요구할 수 있도록 허용하고 있다.[19] SEC는 대규모 기관투자자를 포함해 많은 투자자들이 기후 관련 공시를 요구하고 있다는 점을 들어 이번 방안의 정당성을 주장하고 있다. 하지만 공공의 이익만으로는 이번 방안이 정당화될 수 없다는 반론도 제기되고 있다. 관건은 '합리적 투자자reasonable investor'가 투자나 의결권 행사를 위해 기후 공시가 필요하다고 보고 있는지를 입증하는 게 될 것이라는 지적이다. 여기에다 간접적 탄소 배출원인 스코프 3 공시에 대한 반론도 만만치 않다. 스코프 3 자체가 기업 스스로 관리하고 통제, 측

---

18 Sustainable Fitch(2022.4.7), 'SEC's proposed Climate Disclosures Would Bring the US into Line with Global Practices'
19 Joseph A. Hall 등(2022.4.9), 'SEC Proposes Climate Disclosure Regime', Harvard Law School Forum on Corporate Governance

정하기 어려운 외부 활동을 대상으로 하고 있는 이유로 가정假定에 의존하고 있어 신뢰할 수 있는 자료가 되기 어렵다는 지적이 있기 때문이다.

이런 분위기 탓에 기후공시에 대한 SEC의 최종안은 초안과는 달라질 것으로 보는 관측이 우세하다. 당장 공화당 의원들을 주축으로 한 의원들이 이번 공시안을 비판하는 결의안을 제출하는 등 방식으로 반대 의사를 분명히 하고 있다. 이렇듯 법적인 쟁점과 반발 분위기를 감안할 때 SEC의 기후공시 방안은 공식적으로 채택이 되더라도 시행 시기는 SEC가 예상하는 2022년 말을 넘길 것으로 보인다.

SEC의 기후공시 방안이 확정돼 시행될 경우 국내 기업도 여기에서 자유롭지는 못하다. 당장 미국 증시에 상장된 기업들은 스코프 1, 스코프 2, 스코프 3 탄소 배출량을 공시하는 게 의무화된다. 미국 증시에 상장돼있지 않다고 하더라도 스코프 3 공시가 의무화되면, 미국 기업의 공급망 사슬에 포함된 국내 기업들은 거래하는 미국 기업으로부터 온실가스 배출량을 공개하라는 요구를 받을 수 있다.

●● ●

공급망 실사 렌즈
들이대는 EU

ESG 관점에서 기업과 그 공급망을 들여다보려는 흐름은 크게 두 갈래로 진행되고 있다. 하나는 지금까지 얘기해온 기후 공시, 즉 온실가스 배출량 공시에 관한 것이다. 관련 제도가 글로벌 차원에서 추진되고 있다. 다른 하나는 공급망 안에서 인권과 환경 보호를 위해 실사를 강화하려는 움직임으로 EU가 주도하고 있다.

지난 2월 23일 EU집행위원회는 기업 지속가능성 실사 지침 Directive on Corporate Sustainability Due Diligence, 이하 공급망 실사 지침을 발표했다. 이 지침은 기업의 글로벌 가치 사슬 전반에서 아동 노동과 노동 착취 등 인권을 훼손하고 오염과 생물다양성 손실 등 환경을 해치는 행위를 하지 말 것을 요구하고 있다. 이를 위해 기업은 본사와 자회사 그리고 공급사슬에서 인권과 환경에 대한 부정적 영향을 끝내고, 방지하며, 완화하기 위해 실사 의무를 갖도록 했다. 특히 직원 수가 500명이 넘고 매출액이 1.5억 유로가 넘는 대기업들은 파리기후협약에 따른 지구 온도상승폭 1.5℃ 억제에 부합하도록 비즈니스 전략을 수립하도록 했다.

EU 공급망 실사 지침이 기업들에 요구한 구체적 사항은 아래와 같다.
- 공급망 실사를 회사 정책에 통합
- 인권과 환경에 대한 실재하거나 잠재적인 부정적 영향을 확인
- 잠재적 영향을 방지하거나 완화
- 실재하는 영향을 끝내거나 최소화
- 불만 처리 절차를 만들고 운영
- 실사 정책과 수단의 효율성을 모니터링
- 공급망 실사에 대한 홍보

이 공급망 실사 지침은 기업의 경영진에게도 많은 책임을 부과하고 있다. 경영진은 먼저 실사 절차를 수립하고 감독함은 물론 실사를 기업 전략에 통합해야 한다. 경영에 대한 의사 결정을 할 때 그 결정이 인권과 기후, 그리고 환경에 가져올 영향을 고려

해야 한다. 특히 기업의 사업 전략, 장기적 지속가능성 등에 경영진의 보수를 연계할 때 기후변화 대응과 관련해 경영진이 책임을 잘 수행했는지도 고려하도록 하고 있다. 사전적으로 의사 결정 과정에서부터 사후적인 보상까지 환경과 인권에 대한 경영진의 책임을 명백하게 규정하고 있다.

기업이 공급망 실사 지침을 지키지 않으면 어떻게 될까? EU 회원국들은 향후 기업이 실사 의무를 지키는지를 감독할 예정이다. 의무를 위반한 기업에는 벌금 부과 등 제재를 할 수 있고 실사 의무를 준수하도록 하는 내용의 행정 명령도 내릴 수 있게 돼 있다. 중요한 대목은 피해자들이 기업으로부터 보상을 받을 수 있도록 했다는 점이다. 이번 지침은 피해자들이 손해를 끼친 기업을 대상으로 자국 법원에 민사 소송을 제기할 수 있도록 했는데 대상은 본사와 자회사, 공급망(정기적으로 빈번하게 거래가 이뤄지는 관계)에 걸치고 있다.

EU 공급망 실사 지침이 적용되는 대상 기업은 EU 역내 기업(약 12,800개)과 역내에서 활동하는 일정 규모 이상의 외국 기업(약 4,000개)이다. 적용 대상 기업은 전체 기업의 1% 수준이다. 중소기업은 원칙적으로 적용 대상에서 제외되지만, 대기업의 공급망 실사가 강화될 경우 영향을 받는 게 불가피할 것으로 보인다.

표11 EU 공급망 실사 지침 적용 대상

	기준		대상 기업 수		비고
	직원 수	매출액	EU 대기업	비 EU 기업	
그룹1	500명 초과	1.5억유로 초과	약 9,400	약 2,600	• 중소기업 제외
그룹2	250명 초과	4천만유로 초과 (고위험업종 비중 50% 초과)	약 3,400	약 1,400	• 그룹2는 그룹1 적용 2년 후 적용

주1) 매출액:EU 기업의 경우 전 세계 매출액 기준, 비EU 기업은 EU 역내 매출액 기준
주2) 고위험 업종: 섬유 및 가죽, 농림어업, 금속 및 비금속 합금 제조, 기초·중간 광물 원자재 채굴 등
자료: KDB산업은행 미래전략연구소

이런 내용을 골자로 하는 EU의 공급망 실사 지침은 EU 의회와 이사회에서 1년여 동안의 협의를 거쳐 승인될 예정이다. 이 지침이 채택되면 회원국들은 2년 안에 이 지침을 국가별로 법률을 마련해 시행해야 한다.

유럽에서는 EU 전체의 공급망 실사 지침이 나오기 전에도 개별 국가들이 자체 법률을 이미 도입해 시행하고 있거나 시행 채비를 하고 있다. 프랑스의 경우 2017년부터 관련 법률을 시행하고 있는데 의무 준수가 지연되면 법원의 명령에 따라 가산금이 부과되고 있다. 또 네덜란드는 2021년 12월에 인권과 환경 실사를 의무화하겠다는 방침을 발표했다. 독일은 다른 나라와 달리 인권 침해에 대한 실사에 초점을 맞추고 있다. 환경 문제는 인권 침해를 유발하는 경우에 한해 적용 대상으로 삼고 있다. 독일의

공급망 실사 의무화법은 기업이 공급망 전체에 걸쳐 인권을 존중하도록 규정하고 있다. 연간 매출액이 4억 유로가 넘는 기업이 법을 위반하면 연간 매출액의 최대 2%까지 벌금을 부과할 수 있게 돼 있다. 심각한 위반 행위가 있을 경우 해당 기업은 최장 3년까지 공공 조달에서 배제되는 불이익을 당할 수 있다. 독일의 공급망법은 독일 기업과 외국 기업의 독일 내 자회사에 적용된다. 법 시행 시기는 직원 규모에 따라 다른데 직원이 3천 명 이상인 기업은 2023년 1월부터, 그리고 1천 명~3천 명인 기업은 2024년부터 이 법의 적용을 받게 된다.

표12 주요국의 공급망 실사법 현황

	법안명	시행연도
EU	기업 지속가능성 실사 지침	2024(예상)
독일	공급망 실사 의무화법	2023
영국	현대 노예법	2015
프랑스	기업경계법	2017
네덜란드	아동노동실사법	2022
미국	노예제근절 기업인증법	2020 발의
캘리포니아주	공급망 투명성법	2012

자료: 전경련

EU와 개별 회원국들이 이처럼 환경과 인권을 중시하는 공급망 실사를 법제화함에 따라 EU지역에 수출하는 국내 기업에도 비상이 걸렸다. EU지역에 지사를 설치한 기업은 물론 EU 기업과 거래해 공급망에 포함된 기업들이 공급망 실사법안의 적용을 피할 수 없을 것으로 보이기 때문이다. 여기에다 이 같은 법제화 움직임에 따라 글로벌 기업들이 공급망 실사를 협력사 선정의 주요한 기준으로 삼고 있어 이래저래 인권과 환경에 대한 국제적 기준을 충족시키지 못하면 국제무대에서 외면받을 우려가 점점 커지고 있다. 한국생산성본부는 EU와 독일 등의 공급망 실사법이 발효되면 자동차부품, 반도체, 제약, 바이오, 화장품 등 산업이 우선적으로 영향을 받을 것으로 보고 있다.[20] 특히 EU가 고위험 섹터로 지정한 섬유, 농림어업, 광물 등 업종에 속한 국내 기업 110여 개가 공급망 실사법의 영향권 안에 들어갈 것으로 우려되고 있다.

하지만 공급망 실사법의 제정이 거스를 수 없는 흐름으로 자리를 잡아가는 만큼 이들 국가의 요구 수준에 부합되게 환경과 인권을 보호하는 것 외에 수출시장을 지킬 방법은 없는 게 현실이다. 환경과 인권이 EU 등 해외 시장에 상품을 팔기 위한 '드레스코드'가 돼가고 있기 때문이다.

---

20 산업통상자원부(2022.3.30), 'ESG 공급망 실사 대응을 위한 시범사업 착수'

공급체인 관리
깐깐해진다!

기업의 생산활동은 수많은 협력 업체와 '이인삼각二人三脚'으로 맞물려 있다. 팬데믹 기간 중 봤듯이 공급망의 일부에서 문제가 생기면 전체 생산 라인이 중단되는 '도미노'식의 구조이다. ESG 경영도 마찬가지다. 본사 혼자 잘한다고 되는 일이 아니다. 협력 업체에서도 ESG 경영이 잘 뿌리내려야 좋은 평가를 받을 수 있다. 반대로 공급 체인에 심각한 문제가 생기면 기업 전체가 타격을 받게 될 수 있다. 예컨대 협력회사에서 산재사고나 인권 침해가 발생하거나 구매하는 원자재가 생산과정에서 환경을 훼손시키면 기업은 여론의 비판은 물론 불매운동, 투자자나 인권기구의 압력, 소송 직면 등 어려운 상황을 맞을 수 있다. 이렇게 되면 기업은 주가가 급락할 뿐만 아니라 매출과 이익이 감소하고, 상황이 심각할 때는 사업을 접어야 하는 일이 벌어질 수도 있다.

이 때문에 기업들은 공급망을 더욱 엄격하게 관리하기 시작했다. 화학 기업인 바스프는 2020년에 1차 협력사로부터의 구매액 중 80%에 대해 공급망 ESG 평가를 진행했으며, 이 비율을 2025년까지 90%로 확대한다는 계획이다. 애플도 공세적이다. 2030년까지 공급망의 탄소중립을 달성하고 제품 생산에 사용되는 원료를 모두 재활용한다는 방침을 추진하고 있다. 애플은 노동과 인권, 안전과 보건, 환경 등 3가지 영역에서 500여 개 평가 항목을 도출한 다음 전 세계 53개국의 1,121개 협력사를 평가하기로 했다. 특히 평가 결과가 좋지 않은 예비 협력사 중 8%와 구매 계약을 거절하기도 했다. 역시 공급망 내 탄소중립 달성을 선언한 아마존의 경우 노동, 건강 및 안전, 환경, 윤리 등 부문의 ESG 리스크가 중급 수준인 협력사에 대해서는 개선 작업의 진행 상황을 알리도록 요구하고 있으며 리스크 수준이 높으면 해당 항목이 개선될 때까지 거래를 중단하는 조치를 취하고 있다. [21]

구글의 경우 공급업체 협력 규범을 보면 노동과 인권, 건강 및 안전, 환경, 윤리 등 부문에서 공급업체가 준수해야 할 사항

---

21 Deloitte(2021.10), '중소·중견 기업의 ESG 사례 및 공급망 실사 시사점'

을 촘촘하게 규정해놓고 있다. 예컨대 강제노동과 아동노동, 현대식 노예를 금지하고 근로자에 대한 공정 대우, 차별금지, 다양성과 포용성 등을 요구하고 있다. 환경 부문에서는 에너지 소비와 온실가스 배출을 추적해 문서화하고 배출 자체를 최소화하는 방법을 마련하도록 하고 있다. 또 배기가스와 폐수 발생을 줄이고 폐기물을 줄이거나 없애도록 하고 있다.

공급망에 대한 더 포괄적인 지침은 '책임 있는 비즈니스 연합RBA:Responsible Business Alliance Code of Conduct'에 의해 마련돼 시행되고 있다. RBA는 글로벌 공급망에서 기업의 사회적 책임을 실현하기 위해 구성된 세계 최대의 산업 연합 조직이다. 지난 2004년에 상위권 전자 기업들이 출범시킨 RBA는 현재는 영역을 확장해 전자는 물론 자동차, 소매, 장난감 제조기업들을 회원사로 두고 있으며 '행동 규범Code of Conduct'을 제정해 회원사들의 공급망 관리에 적용하고 있다. 예컨대 에너지 소비와 온실가스 배출에 대해서는 회원사가 온실가스 감축 목표를 설정하고, 에너지 소비와 스코프 1 및 스코프 2 온실가스 배출을 보고하며, 에너지 소비와 온실가스 감축 방안을 마련하도록 하고 있다. RBA 행동규범의 상세한 내용은 아래 표와 같다.

표13 RBA 행동규범

노동	취업의 자유	강제노동, 비자발적 죄수 노동, 노예노동 등 금지
	어린 근로자	아동 노동 금지
	근로시간	법정 최대 근로시간을 넘길 수 없으며 초과근무를 포함해 주당 60시간 초과 금지
	임금과 수당	모든 임금 관련 법률 준수
	인간적 대우	폭력, 체형, 정신적 또는 육체적 강제, 공공적 모욕 등 금지
	차별금지	불법적인 차별과 괴롭힘 금지
	결사의 자유	모든 근로자가 노조를 만들고 가입할 자유 보장
건강 및 안전	안전	건강과 안전에 대한 위험의 확인, 평가, 완화
	비상사태 대비	근로자 소개 등 비상 계획과 대응 절차 등 수립
	산업재해 및 질병	산업재해와 질병을 방지, 관리, 추적, 보고하기 위한 절차와 시스템 마련
	산업 보건	화학적, 생물학적, 물리적 위험에 대한 노출을 확인, 평가, 통제
	위생, 식품, 주택	깨끗한 화장실, 휴대용 물, 위생적 식품 등 제공
	건강 및 안전 소통	적절한 작업장 보건 및 안전 정보 제공
환경	환경 허가 및 보고	환경 관련 모든 승인, 등록 등 취득
	오염 방지 및 원자재 절감	오염 물질과 폐기물의 발생을 최소화하거나 제거
	위험 물질	사람과 환경에 위험한 화학 물질과 폐기물을 확인하고 안전하게 관리, 저장, 재활용 및 재사용
	오염 배출	유기 화학 물질, 에어로졸, 미립자 오염 물질 등의 모니터링, 통제, 처리
	물 관리	물 사용 절약, 물 오염의 통제 등

환경	에너지 소비와 온실가스 배출	온실가스 감축 목표 설정, 에너지 소비와 스코프 1 및 스코프 2 온실가스 배출 보고, 에너지 효율을 제고하고 에너지 소비와 온실가스 감축 방안 마련
윤리	정직한 경영	뇌물, 부패, 횡령 등에 대해 무관용
	정보 공시	모든 비즈니스 거래의 투명한 공시 노동, 건강, 안전, 환경, 재무 상황 등에 대한 정보를 관련 법규에 맞게 공시
	지적 재산권	지적 재산권의 존중과 준수
	공정거래 및 경쟁	공정한 비즈니스, 광고, 경쟁 기준의 유지
	신원 보호	협력 업체 및 근로자 제보자의 비밀과 익명성을 보장하고 보호
	책임 있는 광물취득	텅스텐, 금 등 광물을 OECD의 책임 있는 광물 공급망 지침을 준수해 취득
	정보 보안	협력 업체, 고객, 소비자, 직원 등의 개인 정보 보호

이와 함께 유엔글로벌콤팩트UNGC도 공급체인 지속가능성에 관한 10개 원칙을 제시하고 기업들이 지킬 것을 요구하고 있다. 이 10대 원칙은 다음과 같다.

글로벌 콤팩트와 공급체인 지속가능성 10개 원칙

인권

1. 기업은 국제적으로 선언된 인권 보호를 지지하고 존중해야 한다.

2. 기업은 인권 침해에 연루되지 않도록 노력한다.

노동

3. 기업은 결사의 자유와 단체교섭권의 실질적인 인정을 지지
해야 한다.

4. 모든 형태의 강제 노동은 배제돼야 한다.

5. 아동 노동을 효율적으로 철폐해야 한다.

6. 고용과 업무에서 차별을 철폐한다.

환경

7. 기업은 환경 문제에 대한 예방적 접근을 지지해야 한다.

8. 기업은 환경적 책임을 증진하는 조치를 수행해야 한다.

9. 환경친화적 기술의 개발과 확산을 촉진한다.

반부패

10. 기업은 부당취득과 뇌물 등을 포함한 모든 형태의 부패에
반대해야 한다.

기업이 공급망 관리를 하는 데 있어 가장 신경을 쓰는 이슈
는 탄소 배출 감축이다. 각국 정부가 대체로 탄소중립으로 가자
는데 공감대를 형성하고 있는 데다 투자자와 소비자 등 이해관계
자들도 이를 요구하고 있기 때문이다. 스탠다드챠터드가 다국적
기업MNCs에서 일하는 400명의 공급체인 전문가를 대상으로 조

사한 결과를 보면 기업의 고민이 뚜렷하게 드러난다. 조사 대상 MNC 10개 중 8개 사(78%)는 오는 2025년까지 저탄소 이행에 도움이 되지 않는 공급업체를 교체할 것이라고 응답했다. 이게 실행에 옮겨지면 현재 거래하고 있는 협력 업체 중 35%는 배제될 것으로 전망되고 있다. MNC들이 이같이 냉정하게 공급업체 교체에 나서려고 하는 것은 전체 탄소 배출량 중 무려 73%가 공급망에서 발생하고 있는 데 따른 것이다. 이에 따라 67%의 MNC는 본사보다는 공급 체인에서의 탄소 배출량을 줄이는 데 더 역점을 둘 계획이다. 기업 외부에서 훨씬 많은 탄소가 배출되고 있는 현실을 감안하면 불가피한 선택이다. MNC는 관련 기술과 지식이 부족한 개도국의 공급업체들이 탈탄소에 애로를 겪을 것으로 보고, 이들을 선진국 협력업체로 교체하는 방안을 추진하고 있다. 아울러 공급업체의 변화가 없이는 탄소배출을 줄이는 게 어려운 만큼 이들 업체에게 가격 우대, 대출지원 등 다양한 지원을 한다는 생각이다.[22]

이처럼 대기업들이 공급망의 탄소 배출 감축을 강하게 압박함에 따라 협력 업체들도 대기업의 요구에 적극적으로 호응할 수밖에 없는 상황이 됐다. 기업과 도시 등의 환경적 영향을 공시하

---

22 Standard Chartered(2021.6.7), 'Multinational Companies Planning to Cut Suppliers by 2025'

표14 넷제로 달성을 위한 MNC의 공급업체 지원 방안

지원 방안	응답비율(%)
지속가능 공급업체에 특별 지위 부여	47
공급업체 대신 신기술 투자	46
에너지 효율성 제고 교육 제공	37
폐기물 감축 교육 제공	36
탄소 배출 감축 지원 산업전문가 소개	35
핵심 공급업체의 시장에 청정에너지 인프라 투자	31
지속가능 공급업체에 우대 가격 적용	30
탄소 배출 감축 투자에 자금 지원	18
데이터 수집 투자에 자금 지원	13

자료: Standard Chartered

는 글로벌 시스템을 운영하는 CDP가 공급체인 상에 있는 삼성 전자 등 8,098개 업체를 대상으로 조사한 결과를 보면 이들 기업의 공급체인 공시는 크게 증가하는 추세를 보이고 있다. 실제로 공시에 나선 기업은 2010년의 1,000개에서 2020년에는 8,098개로 무려 8배 수준으로 증가했다.[23]

공급업체들은 비용 절감 면에서도 성과를 내고 있다. 공급업체들은 2020년에만 6억 1,900만 톤의 탄소 배출을 줄여 337억

---

23 CDP(2021.2), 'CDP Global Supply Chain Report 2020'

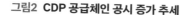

그림2 CDP 공급체인 공시 증가 추세

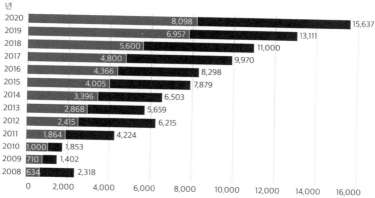

■ CDP 공시 공급업체 수
■ 공시 요구를 받은 공급업체 수

달러의 비용을 줄였는데 이는 한해 전보다 67%나 늘어난 규모이다. 하지만 갈 길은 멀다. 2020년 기준으로 기업의 구매 활동과 관련된 업스트림 공급업체의 탄소 배출량은 기업 직접 배출량의 11.4배에 이르고 있다. 이는 2019년의 5.5배보다 크게 늘어난 수준이다. 이 추세는 업스트림에서 탄소 배출이 많이 늘어났다기보다는 스코프 3 탄소 배출을 측정하는 기업이 증가한 데 따른 것이다. 중요한 점은 스코프 3의 탄소 배출 문제를 해결하지 않고는 탄소 중립을 달성할 수 없다는 데 있다.

CDP의 2020년 글로벌 공급체인 보고서에서 삼성전자는 탄소 배출 감축을 위해 다양한 노력을 할 것임을 표명하고 있다. 보고서에 실린 삼성전자의 입장은 다음과 같다.

그림3 스코프 3 대 '스코프 1+2'의 업종별 배수

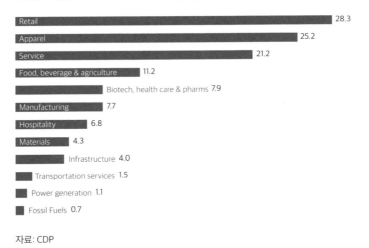

자료: CDP

    삼성전자는 더 많은 공급업체들이 탄소 배출 감축에 나서 줄 것을 기대하고 있다. 2020년에 우리는 핵심 협력 업체들에게 CDP를 통한 공시를 요구했는데 163개 업체로부터 응답을 받았다. 응답 비율은 71%이다. 우리는 공급업체들이 CDP 공시를 하고 탄소 감축 목표를 설정하도록 다양한 인센티브를 제공하고 있다. 삼성전자는 또 협력 업체들이 전기, 가스, 그리고 탄소 배출을 줄이는 것을 돕기 위해 관련 경험을 공유하는 교육세미나를 CDP와 공동으로 정기 개최하고 있다. 우리는 앞으로도 탄소 배출 감축 활동이 더욱 용이해지도록 함으로써 더 많은 협력 업체들과 공동으로 노력을 해나갈 것이다.

문제는 한국 기업들의 공급망에 대한 지속가능성 관리가 아직은 취약한 수준에 그치고 있다는 데 있다. 한국기업지배구조원이 국내 상장회사를 대상으로 조사한 결과를 보면 협력사와 계약 및 재계약 시 해당 회사의 인권과 윤리경영을 평가해 반영하는 비율은 8.7%에 불과했다. 특히 협력사를 대상으로 인권 실사를 진행하고 그 성과를 공개하는 기업은 5.5%, 협력사의 환경성과를 관리하고 그 성과에 따라 인센티브를 부여하는 비율은 5.1%에 그쳤다.[24] 이런 상황이 개선되지 않으면 국내 기업들은 수출입 등 글로벌 비즈니스를 하면서 외국 정부의 규제 등으로 적지 않은 어려움을 겪을 수 있으며 자본시장이나 금융기관에서 자금조달을 하는 데도 애로에 직면할 수 있다. 공급망 관리는 이제 글로벌 사업을 하기 위해서는 피해갈 수 없는 필수조건이 돼가고 있다.

이와 관련, 유엔글로벌콤팩트는 공급망 지속가능성 관리를 위한 단계별 접근법을 아래와 같이 제시했다. '계획-평가-정의

---

24 정승연(2021.3), '공급망 지속가능성 정의와 중요성', 한국기업지배구조원

및 실행-측정 및 소통'을 탄력적으로 되풀이하면서 공급망 지속
가능성을 개선해가라는 게 주요한 주문이다. 이 기관은 여기에
서 가장 중요한 세 가지 원칙은 지배구조, 투명성, 관여engagement라
고 강조하고 있다.

표15 공급망 지속가능성 달성을 위한 실행 단계(UNGC)

단계	접근법
계획	•환경과 주요 사업변수를 이해함으로써 사례를 개발 •공급망 지속가능성을 위한 비전과 목표 설정 •공급망의 지속가능성 기대치 설정
평가	사람, 환경과 지배구조에 가장 큰 실재적/잠재적 위험이 있는 영역에 초점을 맞추기 위한 노력의 범위를 결정
정의 및 실행	•성과 개선을 위해 기대치에 대해 소통하고 협력사에 관여 •협력사와 관점을 일치시키고 내부적으로 사후 점검 •협력과 파트너십 구축
측정 및 소통	목표 대비 실적치를 추적하고 진전 상황에 대해 투명하게 보고

02
중요도 커지는
S와 G

기업의 이해관계자로는
고객, 근로자, 협력 업체, 지역사회 등이 있다.
ESG는 기업이 이들 이해관계자와
잘 소통하고 이들의 이해를 존중하는
경영을 할 것을 요구하고 있다.
그래서 S를 '사회'로 볼 것이 아니라
'이해관계자Stakeholder'로 봐야 한다는
주장이 제기되고 있다.

S='Stakeholder (이해관계자)'

ESG의 세 가지 요소인 환경, 사회적 책임, 투명경영은 모두 동등한 중요도를 갖는다. 하지만 기후변화로 인한 지구온난화라는 절박한 현실 속에 놓여있는 데다 환경 이슈가 상대적으로 이해하기 쉽고 광범위한 영향을 미치다 보니 환경에 대한 논의가 더 큰 비중을 차지하고 있는 듯하다. 이 때문에 S와 G 논의는 E에 비해서는 관심도가 낮아 보이기도 한다.

여기에서는 S에 대해 집중적으로 살펴보면서 그 중요성을 설명해보려 한다. S는 기업경영과 생산, 소비 등 과정에 참여하고 기업에 의해 영향을 받고 기업에 영향을 미치는 사람, 즉 이해관계자의 얘기이다. 기업의 이해관계자로는 고객, 근로자, 협력 업체, 지역사회 등이 있다. ESG는 기업이 이들 이해관계자와 잘 소통하고 이들의 이해를 존중하는 경영을 할 것을 요구하고 있다. 그래서 S를 '사회'로 볼 것이 아니라 '이해관계자^{Stakeholder}'로 봐야 한다는 주장이 제기되고 있다.[25] 설득력이 있는 얘기다. 그동안 S는 사회와 경제의 변화에 따라 그 영역을 확장해왔다. 처음에는 인권, 노동 이슈, 근로 현장의 건강과 안전, 제품 안전과 질 등이

표16 한국거래소 권고 S 지표

항목	지표	비고
임직원 현황	평등 및 다양성	성별·고용형태별 임직원 현황, 차별 관련 제재 건수 및 조치 내용
	신규 고용 및 이직	신규 고용 근로자 및 이직 근로자 현황
	청년인턴 채용	청년인턴 채용 현황 및 정규직 전환 비율
	육아 휴직	육아 휴직 사용 임직원 현황
안전·보건	산업재해	업무상 사망, 부상 및 질병 건수 및 조치 내용
	제품 안전	제품 리콜(수거, 파기, 회수, 시정조치 등) 건수 및 조치 내용
	표시·광고	표시·광고 규제 위반 건수 및 조치 내용
정보보안	개인정보 보호	개인정보 보호 위반 건수 및 조치 내용
공정경쟁	공정경쟁·시장지배적 지위 남용	내부거래·하도급거래·가맹사업·대리점거래 관련 법규 위반 건수 및 조치 내용

---

25 Jonathan Neilan 등(2020.6.28.), 'Time to Rethink the S in ESG', Harvard Law School Forum on Corporate Governance

주종이었으나 이제는 공급체인에 대한 영향은 물론 기술 발달에 따라 중요도가 커진 개인정보 보호 등 이슈까지를 포괄하고 있다.

S에 포함된 지표들은 이해관계자와 관련된 항목들이다. 먼저 한국거래소가 'ESG 정보 공개 가이던스'에서 권고한 S 지표를 보면 크게 임직원 현황, 안전·보건, 정보보안, 공정경쟁 이 네 가지로 구분돼있다. 주로 근로자, 고객, 협력 업체에 초점을 맞추고 있다. 한국거래소의 권고 지표는 상장기업을 대상으로 한 것이다.

이에 비해 지속가능보고서의 작성 기준이 되고 있는 GRI의 S 지표는 상당히 포괄적이다. 한국거래소의 권고 지표를 대부분 포

표17 GRI의 S 지표

항목	지표
고용	• 신규 채용 및 이직 • 비정규직 근로자에게 제공되지 않는 정규직 근로자의 복리후생 • 육아 휴직
산업안전 및 보건	• 작업장 보건 및 안전관리 시스템 • 위해 인식, 위험 평가 및 사고 조사 • 작업장 보건 서비스 • 작업장 보건 및 안전 관련 노동자 참여, 자문 및 커뮤니케이션 • 작업장 보건 및 안전 관련 근로자 교육 • 근로자 건강 증진 • 작업장 보건 및 안전 영향의 예방 및 완화 • 작업장 보건 및 안전관리 시스템의 적용 대상 근로자 • 업무 관련 부상 • 업무 관련 질병

훈련 및 교육	• 직원 1인당 평균 교육시간 • 직원 역량 강화 및 전환 지원 프로그램 • 정기적 성과 및 경력 개발 검토를 받는 직원 비율
다양성 및 기회 균등	• 경영 조직 및 직원의 다양성 • 남성 대비 여성의 기본급 및 보상 비율
차별금지	차별 사건 및 이에 대한 시정조치
결사/단체교섭 자유	단결 및 단체교섭 자유가 훼손될 위험이 있는 사업장 및 공급업체
아동노동	아동노동 발생 위험이 높은 사업장 및 공급업체
강제노동	강제노동 발생 위험이 높은 사업장 및 공급업체
보안관행	인권 정책 및 절차에 대한 교육을 받은 보안 요원
원주민 권리	원주민 권리 침해 사고
인권 평가	• 인권 관련 검토 또는 영향 평가 대상 사업장 • 인권 정책 및 절차 관련 직원 교육 • 인권 관련 조항 또는 심사 시행 관련 주요 투자협정 및 계약
지역사회	• 지역사회 참여, 영향 평가 및 발전 프로그램 운영 사업장 • 지역사회에 중요한 실재적/잠재적 부정적 영향이 존재하는 사업장
공급업체	사회 기준 심사를 거친 신규 공급업체
사회영향 평가	공급망 내 부정적 사회 영향 및 이에 대한 조치
공공정책	정치 기부금
고객 보건 및 안전	• 제품 및 서비스의 보건 및 안전 평가 • 제품 및 서비스의 보건 및 안전 영향 관련 위반 사건
마케팅 및 라벨링	• 제품 및 서비스 관련 정보 및 라벨링 요구 사항 • 제품 및 서비스 정보 및 라벨링 관련 위반 • 마케팅 커뮤니케이션 관련 위반
고객 개인정보	고객 개인정보보호 위반 및 데이터 분실 관련 상당한 불만
사회경제적 컴플라이언스	사회적 및 경제적 분야 법률 및 규정 위반

함하고 있으며 이 외에 노사관계, 훈련 및 교육, 다양성 및 기회 균등, 결사 및 단체교섭의 자유, 아동노동, 강제노동, 인권평가, 지역사회, 공급업체 사회 영향 평가, 공공정책 등 다양한 지표가 열거돼있다. 글로벌 무대에서 중요하다고 간주되는 S 지표들이 망라돼있다.

GRI는 특히 인권이 ESG의 핵심 요소로 부상함에 따라 '비즈니스와 인권에 대한 UN 안내지침UNGP'를 반영해 '유니버설 기준 Universal Standards'를 개정했다. 이 개정안은 2023년 1월부터 시행된다. 강화된 인권 관련 공시 조항은 30개에 이르고 있다.[26]

이 밖에 정부가 제시한 K-ESG의 사회 관련 지표는 큰 틀에서 GRI 지표와 상당 부분 일치하고 있다. 대신 국내 기업에 적합하지 않은 아동노동, 강제노동, 원주민 권리 등을 배제하는 대신 협력사와의 동반성장(협력사 ESG 경영, 협력사 ESG 지원, 협력사 ESG 협약 사항)을 추가해놓고 있다.

그런데 S 지표가 갖는 문제가 있다. E와 G 관련 지표들이 쉽게 정의되고 측정 가능한 데 비해 S 지표는 손에 잘 잡히지도 않

---

26 The GRI Perspective(2022.5), 'Better human rights reporting needed now, but how?', GRI

표18 GRI 유니버설 기준 개정안의 인권 관련 항목

인 권	
1. 모든 사람은 자유롭고 평등	16. 결혼하고 가정을 가질 권리
2. 차별 금지	17. 소유할 권리
3. 삶에 대한 권리	18. 사고(思考)와 종교의 자유
4. 노예 금지	19. 의견과 표현의 자유
5. 고문과 비인간적 처우 금지	20. 집회의 권리
6. 법을 활용할 동등한 권리	21. 민주주의에 대한 권리
7. 법 앞에 평등	22. 사회보장에 대한 권리
8. 법원에 의해 공정한 대우를 받을 권리	23. 일할 권리
9. 불공정한 구금 금지	24. 휴식과 휴일에 대한 권리
10. 재판받을 권리	25. 사회 서비스의 권리
11. 유죄 판결 시까지 무죄 추정	26. 교육받을 권리
12. 프라이버시 권리	27. 문화와 예술의 권리
13. 이동과 거주의 자유	28. 글로벌 자유
14. 망명의 권리	29. 법의 적용
15. 국적에 대한 권리	30. 인권은 빼앗아갈 수 없음

자료: GRI

고 적절하게 측정된 데이터도 부족한 상황이다. S 지표가 서로 이질적인 데다 모호한 측면이 있고 데이터의 질과 일관성, 그리고 가용성이 떨어지기 때문이다. BNP 파리바가 347명의 펀드 매니저들을 대상으로 조사한 'ESG 글로벌 서베이 2019' 결과를 보면 이런 문제점이 드러나고 있다.[27] BNP 파리바는 자산운용 전문가들에게 ESG 중 평가하고 투자분석에 통합하기 가장 어려운 지표가 무엇이냐고 물었다. S라고 응답한 펀드 매니저의 비중이 46%로 가장 높았다. 이는 2017년의 41%보다 5% 포인트 상승한 수준이다. 점점 더 많은 전문가들이 S 지표에 혼란스러워 하고 있다는 얘기다. 평가가 어렵다는 응답 비율은 E는 30%(2017년 41%), G는 24%(18%)에 머물렀다.

더구나 S 지표는 측정하기 편리한 기업의 노력efforts에 더 많은 초점을 맞추고 있으며 정말 의미 있는 결과effects를 보여주는 데는 부족하다는 비판을 받고 있다. 기업이 다양한 노력을 하더라도 실제로 의미 있는 결과가 나오는 게 더 중요한 데 노력 자체만을 강조하는 데 그치는 한계가 있다는 것이다. 기업의 노력을 보여주는 S 지표는 정책, 훈련, 지역사회 프로그램 등이며 결과를 나타내는 지표는 고용 창출, 경영진 내 성별 다양성, 인권 위반 등이다. 실제로 뉴욕대학교NYU의 스턴 비즈니스 및 인권 센터가 GRI 등 12개 프레임워크의 1,753개 지표를 분석한 결과 이들 지표 중 8%만이 '결과'를 평가하고 있었다. 나머지는 92%가 '노력'을 평가하는 데 머물고 있다. 특히 인권 관련 지표들이 '노력'에

편중돼 있는 것으로 나타났다. 반면 투자자들이 주로 이용하는 블룸버그 등 프레임워크는 투자자의 특성과 관심도가 반영돼 '결과'를 더 들여다보고 있는 것으로 조사됐다.[28]

　　이런 문제점에도 불구하고, S는 팬데믹 국면 속에서 그 중요도가 더욱 높아져 왔다. 해외 일부 기업들이 근로자 등 이해관계자를 보호하지 않는 모습을 보인 데 따른 것이다. 클라우스 슈밥 세계경제포럼 회장은 팬데믹을 통해 이해관계자를 존중하는 기업이 어디인지, 그리고 이해관계자에 대해 말치레만을 하며 단기 이익만을 중시하는 기업이 어디인지가 드러났다고 진단했다. 그는 미국 정부의 지원을 받은 미국 항공사들이 지난 10년 동안 프리캐시플로우(영업비용 지출과 투자를 하고 난 다음에 남은 현금)의 96%를 주식 매입에 쓴 것을 대표적으로 잘못된 사례로 꼽았다. 기업의 이런 행태에 대해 비판 여론이 잇따르자 영국 정부는 5천만 파운드 이상 정부 지원을 받은 기업은 배당금을 지급하지 못하도록 제한하는 방안을 추진했다. 뉴욕주는 한발 더 나아가 팬데믹 기간 중 해고한 근로자를 위기 종료 이후에 다시 채용하지 않은 기업은 지원받은 자금을 전액 상환하도록 하겠다고 공표한 바 있다.

---

28 NYU STERN(2017.3), 'Putting the "S" in ESG:Measuring Human Rights Performance for Investors'

넥스트 ESG

실제로 많은 기업이 S를 잘못 관리해 위험을 맞곤 한다. 안전 부실, 직장 내 괴롭힘, 차별, 갑질 등이 여기에 해당한다. 이런 이슈들이 터지면 기업은 여론의 지탄을 받고 주가까지 타격을 받는 경우를 종종 보게 된다. 그래서 S는 변동성이 크다는 평가를 받는다. 문제가 갑자기 터지거나 악화되지 않는 E나 G에 비해 S의 문제는 평상시에는 잘 보이지 않다가 한 번 표면화하면 기업에 큰 파장이 일곤 하기 때문이다. 세계적 게임업체인 액티비전 블리자드는 2021년 7월 보수, 직무 배정, 승진, 해고 등 인사 전반에 걸쳐 여성을 차별한 혐의 등으로 캘리포니아 주정부에 의해 피소됐다. 전자상거래 업체인 아마존은 이직률이 지나치게 높고 근로자가 다칠 확률이 월마트에 비해 두 배나 높은 것으로 나타나 비판에 직면했다.[29]

최근 S 관련 이슈 중 중요도가 크게 높아지고 있는 것은 다양성과 포용성Diversity & Inclusion이다. 다양성은 예를 들면 채용, 이사회 구성 등에서 여성에게 남성과 동동한 기회를 부여하는 것을 뜻한다. 그런데 여성을 많이 채용해놓고도 실질적인 권한이나 책임을 부여하지 않는다면 이는 포용성이 취약하다는 평가를 받게 된다. 따라서 포용성은 실제 업무에서 여성에게 남성과 동등한

---

29 사회적가치연구원(2022.2), 'S in ESG'

권한 등을 부여하는 것을 말한다. 그런데 다양성은 기업의 실적에 긍정적인 영향을 미치고 있다. 맥킨지가 2019년에 15개국의 1천 개 이상 기업을 대상으로 분석한 것을 보면 경영진의 여성 비율이 30% 이상인 기업은 여성이 없거나 소수에 그친 기업보다 경영 실적이 48%나 좋은 것으로 나타났다. 문제는 다양성에 대한 평가는 긍정적인 응답이 52%에 이르고 있으나 포용성에 대해서는 부정적 평가가 61%에 달했다.[30] 여성들에게 실질적인 권한이 주어지지 않는 문제점이 드러난 것이다.

맥킨지는 다양성과 포용성을 제고하기 위해 기업이 과감하게 행동에 나설 것을 촉구하고 있다. 먼저 다양한 인재를 경영진과 이사회 등에 포진시켜야 한다. 또 다양성과 포용성을 개선하는 일을 인사 부서에만 맡기지 말고 핵심 리더들이 전면에 나서야 한다. 승진과 기회 부여에 있어 공정하고 투명한 절차를 운영하는 일도 중요하다. 아울러 차별 행위를 하는 직원에 대해서도 무관용 정책을 시행해야 한다.

이렇듯 다양성과 포용성을 강조하고 있는 글로벌 추세 속에서도 한국은 이 분야에서 매우 부진한 모습을 보이고 있다. 지난

---

30 McKinsey & Company(2020.5), 'Diversity Wins'

3월 JP모건의 조사 결과를 보면 한국 기업의 이사회 내 여성 비중은 아시아 국가 중 꼴찌 수준인 5%로 전 세계 평균(25%)과 일본을 제외한 아시아 지역 평균(15%)에 크게 못 미치고 있다.[31] 선진국 클럽인 OECD 회원국인데다 10위 경제강국인 우리나라로서는 부끄러운 자화상이다. 다양성과 포용성이 ESG의 중요한 요소로 떠오르고 있는 만큼 한국 기업은 중장기 가치 제고를 위해 이를 개선하는 데도 적극적으로 나서야 할 시점이 됐다.

---

31 박윤예(2022.5.11.), '韓기업 이사회 여성 비중 5%…중동 제외 땐 꼴찌', 매일경제

이해관계자
'직원'

온라인 결제 시스템을 운영하는 미국 기업인 페이팔은 팬데믹 기간 중 직원들을 대상으로 설문조사를 실시했다. 조사 결과 직원 중 3분의 1이 살림살이가 빠듯한 상태임을 알고 충격을 받았다. 중요한 생활비를 쓰고 세금을 낸 다음 남은 돈인 순純가처분소득 비율이 4~6%에 불과했기 때문이다. 페이팔은 이래서는 안 되겠다고 생각하고 직원 가계의 순가처분소득 비율을 20%로 올려주기로 하고 즉시 행동에 들어갔다.[32]

페이팔이 동원한 방법은 네 가지이다. 먼저 건강관리 비용을

---

32 McKinsey & Company(2022.1), 'Emphasizing the S in ESG'

지원해 이 비용이 60%가량 줄어들도록 도왔다. 직원 모두에게 주식도 지급했다. 임금 수준도 직원들이 살만한 수준으로 올려주었다. 또 직원들에게 금융 교육을 실시해 재무 설계를 할 수 있도록 지원했다.

결과는 아주 긍정적이었다. 현재 순가처분소득 비율이 18% 미만인 직원은 한 명도 없다. 페이팔은 올해 안에 이 비율을 당초 목표대로 20%로 끌어올릴 생각이다. 페이팔의 이런 조치로 직원들은 생계를 유지하는 스트레스가 줄어들었다고 얘기하고 있다. 당연히 이직률이 떨어지고 업무에 대한 열정도 높아졌다는 평가다. 페이팔은 직원, 소비자, 주주, 정부, 사회가 자사의 5대 이해관계자인데 이 중 직원이 제일 중요하다고 강조한다. 직원들이 생활이 안정돼 업무에 헌신하면 고객에게도 열정적으로 대할 것이라고 기대하고 있다.

물론 이런 일은 아무 기업이나 할 수 있는 것은 아니다. 재무적 여력이 있어야 가능한 복지지원이다. 하지만 페이팔의 사례는 기업이 직원을 얼마나 중시하고 있는지를 잘 보여주고 있다.

실제로 이해관계자 중 직원의 중요도가 매우 높다. 지속가능 발전소가 상장기업 2,699개 사를 대상으로 국내 언론이 2021년에 보도한 ESG 사건사고 기사 23,419건을 분석한 결과, S 관련 사건사고 뉴스가 2020년의 9,064건에서 12,592건으로 크게 늘어난 것으로 나타났다. ESG 중 S에서 문제가 많이 발생하고 있음을 잘 보여주고 있다. 특히 ESG 사건사고 기사 중 가장 많이 언급된 ESG 관련 키워드는 '직원'이었다.[33] 과로사, 직장 내 괴롭힘, 성차별 등이 주요 이슈로 떠올랐다.

이와 관련해 주택담보대출 중개 기업인 베터닷컴Better.com의 사례는 직원을 사려 깊게 대하지 않으면 얼마나 큰 위기를 맞는지를 잘 보여주고 있다. 이 회사의 CEO 비샬 가그는 지난해 12월 1일 직원 900여 명을 줌 화상회의에 초대한 다음 "이 회의에 참여한 사람은 모두 해고 대상자"라고 일방 통보했다. 이 회의가 시작된 지 3분 만에 직원들은 내부망과 이메일 접속이 모두 끊겼다. 피도 눈물도 없는 CEO의 냉정함에 대해 여론의 비판이 쏟아졌다. 결국 비샬 가그는 일주일 만에 휴직에 들어갔고 관련 임원 3명이 옷을 벗고 회사를 떠났다. 함께 일한 직원에게 회사의 경영 실패에 대해 사과한 다음 적절한 지원을 하며 따뜻하게 '이별'하는 일을 외면한 이 결정은 경영진에게 그대로 부메랑이 돼 돌아갔다.

---

33 지속가능발전소(2022.3), '2021 ESG INCIDENT REPORT'

정반대로 직원을 존중해 업무 만족도가 높은 기업은 좋은 성과를 보이는 것으로 분석되고 있다. 펜실베이니아대학 와튼 스쿨의 알렉스 에드만스 교수가 '일하기 좋은 100대 기업'을 대상으로 분석한 결과를 보면, 이들 기업은 1984년~2009년의 기간 동안 연간 주가수익률이 시장 지표보다 3.5%, 산업평균지수보다도 2.1%가 각각 높은 것으로 나타났다. 이들 기업은 또 다른 기업에 비해 수익이 시장 예상치를 뛰어넘는 '어닝 서프라이즈'를 기록하는 사례가 더 많았다.[34]

좋은 경영 성과를 얻고 싶으면 직원의 마음부터 움직여야 한다는 사실을 많은 사례가 말해주고 있다. 특히 직원들이 중요하다고 생각하는 가치나 목적이 기업의 목적과 일치하는 게 중요하다. 직원들은 자신이 중요시하는 가치를 추구하는 기업에 대해 더 높은 충성도를 보이고 업무에 더 적극적으로 참여하기 때문이다. 맥킨지의 조사 결과를 보면 임원이나 고위 간부는 직원들과 이런 점에서 확연한 차이를 보이고 있다. 임원과 고위 간부의 85%는 직장에서 자신의 삶의 목적을 실현하고 있다고 응답한 반면 일선에서 일하는 매니저와 근로자의 15%만이 여기에 동의했

34 Alex Edmans(2011.3), 'Does the Stock Fully Value Intangibles? Employee Satisfaction and Equity Prices', Journal of Financial Economics

다.[35] 매니저와 근로자의 업무 불만족은 결국 기업의 성과에 부정적인 영향을 미치는 것이다.

이에 따라 투자자들은 의사 결정 시 기업 문화를 중시하는 모습을 보이고 있다. 에델만이 근로자에 대한 권한 위임이 중요하다고 응답한 미국 투자자를 대상으로 설문조사를 한 결과 이들이 기업 문화를 평가하기 위해 주목하고 지표는 근로자 만족도, 근로계약의 유연성, 기업가치 선언, 고용유지율, 환경 및 사회 활동, 다양성과 포용성 등이었다.[36]

ESG를 주도하고 있는 세계 최대 자산운용사인 블랙록의 래리 핑크 회장은 올해 초 투자대상 기업에 보낸 '자본주의의 힘The Power of Capitalism'이라는 제목의 서한에서 직원과 강한 유대를 맺은 기업은 팬데믹 기간에도 이직률이 낮은 수준을 유지하면서 높은 수익률을 기록했다고 밝혔다. 핑크 회장은 거꾸로 직원에게 잘해주지 않는 기업은 생산성이 떨어지고 기업 문화가 훼손되는 등 스스로 위험을 키우게 된다고 경고했다. 이제 직원의 업무 만족도는 투자자들이 투자 대상을 선별할 때 살펴보는 중요한 필터가 되고 있다.

---

35 McKinsey & Company(2021.4), 'Help your employees find purpose - or watch them leave'
36 Edelman(2021), '2021 Edelman Trust Barometer Special Report;Institutional Investors'

ESG
소비자의 부상

2019년 8월, 미국 재계 단체인 비즈니스 라운드테이블BRT이 주주 이익 극대화만을 추구해온 주주자본주의의 종언을 선언하고 이해관계자를 존중하는 이해관계자 자본주의의 깃발을 올렸을 때 눈에 띈 게 있었다. 기업이 중시해야 할 이해관계자 리스트의 맨 앞에 고객, 즉 소비자를 올렸다. 늘 선두에 있었던 주주는 맨 끝으로 밀렸다. BRT는 또 주주를 위해서 단기적이 아닌 장기적 가치를 추구할 것을 강조했다.

ESG는 기업의 장기적 가치에 초점을 맞추고 있다는 점에서 이해관계자 자본주의와 맥락을 같이 하고 있다. 중요한 점은 기업의 장기적 가치가 결국은 소비자의 선택에 의해 결정된다는 점. 유니레버가 물을 덜 쓰는 식기 세척 세제를 내놓았을 때 이 회사를 신뢰하고 세제는 물론 다른 제품까지 구매해 기업 가치를 끌어올려 준 것은 바로 소비자의 힘이었다. 소비자는 ESG 중 S의 한 항목에 그치고 있지만, 실제로는 ESG 전체가 지향하는 기업 가치 제고의 열쇠를 쥐고 있는 셈이다.

ESG 시대를 맞아 소비자들이 변화하고 있다. 소비자들은 이제 가격과 품질만을 보고 제품을 구매하지 않는다. 해당 기업이 친환경 경영을 하고, 사회적 가치를 창출하는 경영을 하고 있는지를 평가해 자신의 소비 결정에 반영하고 있다.

세일즈포스가 지난해 중반에 1만 5,600명의 전 세계 소비자와 구매담당자를 대상으로 설문 조사한 결과는 소비자의 인식 변화를 뚜렷하게 보여주고 있다. 먼저 소비자들은 기업이 신뢰도, 환경적 참여, 사회적 참여를 개선해줄 것으로 요구하고 있다. 응답 비율이 각각 98~99%에 이르니 대부분 소비자가 이런 견해를 가지고 있는 것이다. 특히 소비자들은 구매 결정에 영향을 미치는 요인으로 기업이 위기 중 직원과 고객을 대하는 방식, 환경적 참여, 인종차별과 경제적 불평등에 대한 조치, 지역사회 참여를 들었다. 젊은 층인 MZ세대가 더욱 적극적인 태도를 보이는 있는데 위기 중 기업이 직원을 어떻게 대했는지를 중시하는 MZ세대

응답자의 비율은 85%로 전체 답변 평균치인 82%를 웃돌았다.

미국 곡물회사인 카길이 10개 유럽국가에서 7,000명이 넘는 소비자를 대상으로 실시한 조사도 같은 결과를 보여주고 있다. 식품과 음료를 살 때 ESG와 유사한 개념인 지속가능성을 고려하는 소비자의 비중이 70%에 달했다. 이런 경향은 18~34세의 연령층에서 두드러져 76%가 지속가능성을 중시하는 것으로 나타났다. 최근 인종차별 이슈가 부각된 미국에서는 소비자들이 기업이 이 사안에 어떻게 대응하는지를 주시하고 있다. 하버드비즈니스리뷰의 조사 결과 미국인의 60%가 기업이 인종차별에 항의하는지를 보고 제품 구매를 결정하겠다고 응답했다. 또 45세 이하 투자자의 80%는 최소한 자산의 1%나 1만 달러를 흑인이 소유하거나 경영하고 있는 은행으로 옮겨 이들 은행이 흑인들에게 더 많은 대출을 하는 것을 돕겠다는 의사를 밝혔다.[37] 이 같은 움직임은 '정의 예금 justice deposits 운동'으로 불리고 있는데 일부 기업들이 이를 선도해왔다. 넷플릭스의 경우 지난 2020년 6월에 보유 현금의 2%를 흑인이 소유하거나 경영하는 은행으로 옮기겠다고 발표했고, 트위터도 주로 저소득층을 지원하는 지역사회 개발 금융기관 Community Development Financial Institutions에 현금의 1%를 예치하

---

37 Eddie Yoon 등(2020.12.14.), 'Could Gen Z Consumer Behavior Make Capitalism More Ethical?', Harvard Business Review

겠다는 계획을 공표했다. 이 같은 움직임에는 코스코, 페이팔 등 기업이 가세했다.

　소비자들은 특히 ESG 우수기업의 제품은 가격이 비싸더라도 구매하겠다는 의사를 보이고 있다. 대한상공회의소가 국민 300명을 대상으로 실시한 조사 결과를 보면 ESG 우수기업 제품의 경우 경쟁사 동일 제품에 비해 추가 가격을 지불할 의사가 있다는 응답 비율이 88.3%에 달했다. 추가 지불 의향을 보인 가격폭은 2.5~5%가 34.0%로 제일 많았고, 다음으로 2.5%미만(26.7%), 5~7.5%(13.3%) 등의 순이었다. 10% 이상 비싸도 사겠다는 응답도 6.3% 수준이었다. 또 응답자 10명 중 7명은 ESG에 부정적인 기업의 제품을 의도적으로 구매하지 않은 경험이 있다고 밝혔다.[38] 소비자들은 이제 이른바 미닝아웃meaning out 소비, 즉 가치 소비를 하고 있는 것이다. 자신이 추구하는 가치를 실행하는 기업의 제품은 가격이 비싸더라도 '돈쭐'을 내주고, 그렇지 않은 기업의 제품은 외면하고 있다. 이같은 소비 트렌드의 변화는 MZ세대가 주도하고 있다. MZ는 가치소비를 반영하는 용어로 가심비(제품 구매 시 성능보다 심리적 만족을 더 중시), 미닝아웃, 돈쭐, 바이콧(구매운동) 등을 들고 있다.[39]

38　대한상공회의소(2021.5.30.), 'ESG경영과 기업의 역할에 대한 국민인식 조사'
39　대한상공회의소(2022.4.4.), 'MZ세대가 바라보는 ESG경영과 기업인식 조사'

소비자들의 이 같은 변화에 따라 기업들도 ESG 경영에 있어 소비자를 상당히 중요한 이해관계자로 고려해 의사 결정을 하는 모습을 보이고 있다. 회계법인 EY이 200개 기업에 ESG를 전략에 통합시킬 때 생기는 중요한 이점에 관해 물어본 결과 응답 기업 중 34%는 ESG에 민감한 소비자의 수요를 충족시키는 지속 가능한 제품과 서비스를 생산하는 것이라고 밝혔다. 또 경쟁사와의 차별화를 통해 브랜드 명성을 구축하는 것이라는 응답 비율도 29%였다. ESG 경영의 주요 목적이 더 많은 소비자 확보에 있는 것이다.

소비자는 이렇게 ESG와 관련해 다양한 역할을 할 수 있는 중요한 위치에 있다. 소비 활동에서 ESG 경영을 잘 하는 기업과 그렇지 않은 기업을 차별하는 행위는 기업이 ESG 경영을 더욱 적극적으로 하도록 하는 압박 요인으로 작용할 수 있다. 특히 설문조사 결과대로 ESG 투자로 인해 가격이 올라간 제품을 소비자가 실제로 적극적으로 구매해준다면 기업에는 ESG경영을 열심히 할 유인으로 작용할 수 있다.

문제는 소비자가 기업의 ESG 활동을 정확하게 평가할 수 있게 하기위해 사실에 근거한 정보가 표준화된 형태로 공시돼야 하지만, 현실은 갈 길이 멀다는 데 있다. 따라서 ESG가 성공적으로 뿌리를 내리려면 소비자가 쉽게 접근하고 판단할 수 있는 데이터의 공시가 긴요하다고 할 수 있다. 실제는 그렇지 않은데 친환경활동으로 포장하는 그린워싱 등 일탈도 그랬을 때 차단될 수 있을 것이다.

CPR,
새로운 흐름?

　　러시아의 우크라이나 침공은 국제적 공분을 사고 있다. 무력으로 다른 나라의 영토를 강제로 침범하는 불법무도한 행위와 시민 학살 등 전쟁 범죄에 대한 국제적 비난 여론이 비등하고 있다. 이번 전쟁은 ESG에 대해서도 관심이 집중되는 계기가 되고 있다. 불법적이고 잔학한 전쟁을 하는 러시아에서 여전히 사업을 하거나 돈을 빌려주는 행위가 ESG 가치와 배치되는 것 아니냐는 비판이 제기되고 있다. 기업이 사회적 책임활동을 하는 것과 비슷하게 이런 비윤리적인 사안에 대해서는 '정치적 책임 활동CPR: Corporate Politcal Resposibility'을 해야하는 것 아니냐는 주장이다. 즉, 정치외교적으로 옳지 못한 행위를 러시아에서의 사업을 중단하는 게 ESG 가치에 부합하는 것이라는 얘기다.

전쟁 시작 이후 주목을 받은 미국 대학원이 있다. 주인공은 예일대 경영대학원. 이 대학원의 제프리 소넨펠드 교수는 러시아에 진출해있던 기업들이 전쟁 개시 후 보인 행태에 따라 A~F의 등급을 매기고 이를 그대로 공개하고 있다.[40] A등급은 러시아 내 사업을 총체적으로 중단하거나 러시아에서 철수한 기업으로 5월 16일 현재 316개에 이르고 있다. 러시아 사업을 접은 1. 액센츄어와 EY, KPMG, PWC, 도이체텔레콤, 러시아의 자본시장 접근을 제한한 블랙록 등이 여기에 해당한다. B등급 그룹은 일시적으로 일부 또는 전체 영업을 중단했지만 러시아로 복귀할 가능성을 열어두고 있는 453개 기업이다. 삼성그룹이 여기에 속해있다. 이어 C등급은 일부 중요한 사업은 축소했지만 다른 사업은 여전히 지속하고 있는 141개 기업이고, 신규 투자 등은 중단했으나 실질적으로 사업을 하고 있는 154개 기업이 D등급 평가를 받았다. 마지막으로 가장 낮은 F등급은 전쟁에 아랑곳하지 않고 러시아에서 영업을 하고 있는 218개 기업이 받았다. 예일대 경영대학원이 이같은 등급 명단을 수시로 업데이트해 공개하는 것은 기업들이 러시아에서 철수하거나 사업을 축소하도록 압박하기 위한 것이다. 그래서 일부에서는 이를 '악명높은 명단infamous list'로 부르기도 한다. 기업 입장에서는 그만큼 부담스러운 것이다. 예일대 측은

---

40 https://som.yale.edu/story/2022/almost-1000-companies-have-curtailed-operations-russia-some-remain

러시아의 우크라이나 침공이후 러시아에 진출해있던 1,200개 이상의 기업이 어떤 의사결정을 하는지를 추적했는데 약 1,000개 기업이 사업을 축소하겠다는 방침을 공표했다고 집계했다.

하버드 로스쿨에서 나온 한 보고서는 러시아에서 비즈니스를 해온 기업들에 더 비판적이다. 이 보고서를 작성한 연구진은 자회사를 통해 러시아에서 사업을 하고 있는 75개 비금융 유럽 기업을 대상으로 조사를 했다. 이들 기업의 매출액에서 러시아가 차지하는 비중은 6%이다. 흥미로운 점은 이들 75개 기업의 평균 ESG 점수는 100점 만점에 78점으로 다른 기업의 평균치 64점보다 크게 높았다. 또 S(사회)와 인권 점수는 각각 81점과 84점으로 다른 기업의 64점과 67점을 많이 웃돌았다.[41] 문제는 이렇게 ESG와 인권 평가가 좋은 기업들이 러시아가 우크라이를 침공한지 12일이 지난 시점에서도 러시아를 비판한다든가 우크라이나 국민을 지지한다든가 하는 내용의 목소리를 전혀 내지 않았다는 점이다. 또 3월 15일 현재 러시아에서의 자회사 영업을 중단하겠다고 공표한 기업도 이들 기업 중 53%에 불과했다. 하버드 로스쿨의 이번 보고서는 이들 기업의 행태 탓에 ESG 평가에 대한 회의가 제기되고 있다고 지적하고 있다.

---

41 Jurian Hendrikse(2022.3.16.), 'The False Promise of ESG', Harvard Law School Forum on Corporate Governance

러시아 내 사업 영위에 대한 비판 여론이 고조되면서 많은 기업이 러시아에서 아예 철수하거나 일시적으로 영업을 중단하는 조치를 취했다. 일본 의류기업인 유니클로의 경우 처음에는 러시아인들도 옷이 필요하다며 러시아 내 49개 점포의 문을 계속 열었으나 여론이 심각하게 돌아가자 마침내 3월 10일 영업을 중단했다. 네슬레로 마찬가지 일을 겪었다. 처음에는 러시아에서 영업을 계속했지만 소비자들이 분노를 표시하고 해킹사건까지 발생하자 핵심적인 품목을 제외한 다른 제품의 판매를 중단했다.

하지만 러시아에서 사업 철수나 중단을 압박하는 요구가 잘못됐다는 반론도 제기되고 있다. 오랜 기간 러시아에서 많은 노력을 하며 일궈놓은 사업 기반을 정치외교적인 이유로 하루 아침에 포기하라고 하는 것은 경제에 대한 정치의 지나친 개입이라는 지적이다. 특히 현실적으로는 기업이 부담해야 하는 손실 규모가 만만치 않다. 예컨대 러시아 정부가 철수 기업의 자산을 압류하는 방안을 추진함에 따라 메르세데스 벤츠는 22억 달러의 손실이 발생할 것으로 우려하고 있다. 형평성의 문제도 있다. 여성에 대한 차별이 있고 인권운동가들을 처형하는 사우디아라비아에서 서구의 기업들이 수십 년 동안 영업을 해온 것은 어떻게 정당화될 수 있는가 하는 질문이다.

이런 모순이 존재하지만 분명한 점은 기업이 더욱 윤리적 행동을 할 것을 요구하는 목소리가 소비자와 직원들에게서 나오고 있다는 것이다. 기업들은 이제 정치적, 사회적, 도덕적 이슈에 대해 명확한 입장을 밝혀야 한다는 압박에 빈번하게 직면하고 있다. 퍼플릭 어페어스 카운슬의 조사 결과를 보면 이해관계자로부터 사회적 이슈에 대한 입장 표명을 요구받는 미국 기업의 비율은 2016년에만 해도 60% 정도였으나 2021년에는 90%로 크게 상승했다.[42] 기업들은 특히 직원들로부터 이 같은 요구를 강하게 받고 있다. 지난 2018년 미 국방부가 인공지능을 이용해 드론 타격률을 높이는 방안을 추진하고 여기에 구글이 참여할 수 있다는 소식이 알려지자 구글 직원들이 강하게 반발한 게 대표적 사례이다. 당시 구글은 직원들의 요구를 수용해 인공지능을 무기나 부당한 감시활동에 사용하지 않겠다는 지침을 마련했다.[43] FT 모럴 머니가 독자들을 대상으로 실사한 조사 결과를 보면 응답자의 70% 이상은 기업이 사회적 이슈에 대해 큰 목소리를 내야 한다는 요구가 직원들로부터 나오고 있다고 밝혔다. 소비자를 지목한 비율은 46%, 그리고 투자자는 33%에 그쳤다. 유로아시아 그룹이 펴낸 '톱 리스크 2022' 보고서도 비슷한 현상을 전하고 있

---

42 Sarah Murray(2022.3.9.), 'When should business take a stand?', FT Moral Money Forum
43 IT조선(2018.6.8.), '구글, "AI, 무기 개발에 사용하지 않을 것"'

다.[44] 이 보고서의 조사 대상 근로자 중 60%는 정치적, 사회적 이슈에 대해 입장을 밝히는 기업 리더를 지지한다고 밝혔다. 특히 밀레니얼 세대 근로자의 75%는 국가에 영향을 미치는 중요한 이슈에 대해 기업이 분명한 태도를 취할 것을 기대하고 있다. 소비자들도 비슷한 입장을 보이기는 마찬가지다.

CPR을 요구하는 이 같은 흐름은 이제 기업들이 새롭게 적응해야 하는 현실이 되고 있다. 그 중앙에는 근로자가 전면에는 나서는 '근로자 행동주의Employee Activism'의 움직임이 자리를 잡고 있다. CPR은 기업이 정치 활동을 하라는 것이 아니다. 정치나 외교 등 경제외적인 영역에서 비윤리적인 일이 일어나면 이에 반대하는 입장을 밝히고 행동을 취하는 게 ESG의 가치에 부합한다는 시각이다. 기업으로서는 쏟아지는 요구를 어떻게 모두 만족시킬 수 있겠냐고 불만을 나타낼 수도 있을 것이다. 하지만 이는 전혀 새로운 현상은 아니다. 과거에 흑인차별을 하는 남아프리카공화국에서 사업을 하는 기업을 비판하는 여론이 세계적으로 확산됐던 적이 있었다. 달라진 것이 있다면 그때보다 더욱 빈번하고 강력하게 기업이 사회의 다양한 이슈에 대해 목소리를 내라는 요구가 커지고 있다는 것이다.

---

44 eurasia group(2022), 'TOP RISKS 2022'

한국 기업으로서는 '남의 나라' 일로 생각할 수 있을 것이다. 꼭 그렇지는 않다. 우크라이나를 침공한 러시아에서 삼성 등 국내 기업이 영업을 중단한 것은 한국 기업도 이미 CPR을 하고 있다는 것을 시사해주고 있다. 더구나 지금은 신냉전 시대가 본격화되면서 미국과 중국의 디커플링과 공급체인을 중심으로 한 경제 블록화가 시도되고 있는 시점이다. 이런 흐름이 지속되면서 기업은 끊임없이 정치 외교적 압박에 직면하게 될 것으로 보이며 특정 국가의 비도덕적, 비윤리적 행태가 문제시되는 상황에서는 이에 대한 입장 표명과 적절한 행동을 요구받게 될 가능성이 크다. CPR도 수행하라는 요구에 지혜롭게 대응해야하는 게 중요해지고 있다.

IBM은 이 같은 이슈에 대해 어떻게 대응할지를 결정할 때 다섯 가지의 '이정표 질문'을 스스로에게 던져본다고 한다. 이 이슈가 비즈니스와 직접적으로 관련이 있는가? 그동안 이런 이슈에 개입한 적이 있는가? 이해관계자들이 무엇이라고 얘기하는가? 경쟁사는 어떻게 대응하고 있는가? 개입함으로써 의미 있는 차이를 만들어 낼 수 있는가?

'‌ESG 소액주주'가
움직인다

지난 3월 31일 서울 성동구 성수동에 있는 SM엔터테인먼트 사옥. 유명 가수였던 이수만 총괄 프로듀서가 최대 주주(지분율 18.50%)인 이 기업의 주주총회에서는 이례적인 일이 일어났다. 감사 선임을 놓고 벌인 표 대결에서 소액주주와 얼라인파트너스자산운용의 연합군이 이수만 총괄 프로듀서에 승리했다. 소액주주가 추천한 감사가 선임됐다. 소액 주주들은 SM엔터테인먼트가 이 프로듀서의 개인회사인 라이크기획에 일감을 몰아줘 주주가치를 훼손했다며 자신들이 추천한 감사 선임을 주장해왔는데 이게 실현된 것이다.[45] 소액주주 행동주의가 성공한 사례이다.

---

45 연합뉴스(2022.3.31.), 'SM 주총서 소액주주 측 감사 선임...'이수만 견제' 가능할까(종합)'

골리앗에 다윗이 승리한 대표적인 사례는 미국에서 나왔다. 지난 2001년 6월 미국의 작은 헤지펀드인 엔진넘버원은 글로벌 석유기업인 엑슨모빌에 자사가 추천한 이사 3명(전체 이사의 25%)를 진입시키는 데 성공해 자본시장을 놀라게 했다. 엔진넘버원은 엑슨모빌이 탄소감축을 위해 충분한 조치를 취하지고 있지 않다며 자신들이 추천한 이사를 선임할 것을 엑슨모빌 측에 요구해왔다. 하지만 지분율이 0.02%에 불과한 엔진넘버원은 이 싸움에서 승산이 거의 없는 상태였다. 결과가 뒤짚힌 것은 세계 3대 자산운용사인 블랙록과 뱅가드, 스테이트 스트리트가 엔진넘버원의 손을 들어줬기 때문이다. 블랙록 측은 엔진넘버원을 지지한 이유로 엑슨모빌이 주주가치를 훼손하는 기후리스크를 축소하는 데 전략적으로 더 할 일이 있다고 보고 있음을 들었다.

　　통상 주주 총회하면 지분율이 높은 기관투자가들이 좌지우지하는 것으로 여겨져왔다. 하지만 ESG가 주요 이슈로 부각하면서 소액주주들이 기업에 ESG 관련 주주제안을 하고 기관투자자들이 이를 지원 사격해 주총에서 통과되는 일이 잦아지고 있다. 'ESG 소액주주'의 목소리가 커지고 있는 것이다. 이코노미스트지는 4월 12일 현재 미국기업의 주주들이 내놓은 ESG 관련 주주제안이 576건으로 한해 전 같은 기간의 499건보다 크게 늘어났다고 전하고 앞으로도 더욱 증가할 것으로 내다봤다.[46] 특히 기후 관련 주주 제안이 40% 이상 늘어났는데 이는 기업을 위협하는 기후변화 등 리스크를 완화하는 데 대한 투자자들의 관심과 이해가 커지고 있는 데 따른 것이다.

물론 절반 이상의 주주 제안은 채택되지 못하고 사장된다. 하지만 중요한 점은 과거에 비해 주주 제안 채택 비율이 높아지고 있다는 사실이다. 2021년의 경우 이 비율은 34%로 10년 전의 19%보다 크게 상승했다. 기업의 이사들이 투자자의 영향력이 커지고 있음을 실감하고 있다고 얘기할 정도이다. 이 같은 현상은 대형 자산운용사들이 설득력이 있는 주주 제안을 적극적으로 지지하고 있기 때문이다. 이들 자산운용사는 직원 다양성이나 기후변화 등 이슈에 잘못 대응하는 기업의 이사에 대해서는 반대표를 행사하겠다는 방침을 밝히고 있다.

주주 제안이 성공한 대표적인 사례는 애플 주총에서 통과된 두 건의 제안이다.[47] 표결 주주 53.66%의 지지로 채택된 첫 번째 제안은 애플사가 제3의 기관을 통해 급여의 형평성과 리더십의 다양성 등을 조사하고 이를 개선하는 방안을 마련하도록 하

---

46 The Economist(2022.4.23.), 'The push for shareholder democracy should be accelerated'
47 JD SUPRA(2022.3.10.), 'ESG Proposals Make Early Waves in the 2022 Proxy Season'

는 내용을 담고 있다. 애플은 이미 이 같은 일을 하고 있다며 반대 의사를 분명히 했지만, 주주들은 이번 제안을 지지했다. 애플 주총에서 주주 50.04%의 지지로 통과한 두 번째 주주 제안은 애플 이사회가 고용계약에 포함된 비밀유지 조항이 갖는 위험성을 평가해 보고서를 제출하도록 하고 있다. 해당 비밀유지 조항은 지적재산권과 영업 비밀 보호 등을 위해 합법적으로 쓰일 수 있지만, 직원 등 이해관계자들은 괴롭힘, 차별, 그리고 다른 불법적 행위 등을 공표하는 것을 막을 수 있다며 우려를 표명해왔다.

이와 함께 미국 정부의 의료행정 서비스를 대행하고 있는 기업인 맥시머스의 주총에서는 인종 차별 여부에 대한 감사를 진행하도록 하는 내용의 주주 제안이 통과하기도 했다. 미국 증권거래위원회가 개입한 사례도 있다. 약국 체인인 CVS 헬스 코프는 트릴리움자산운용사가 모든 직원들에게 유급휴가를 주도록 하는 내용의 주주 제안을 하자 이를 다루지 않으려 했지만, 증권거래위원회는 이 사안이 광범위한 사회적 영향을 미치는 인적 자본 관리 이슈라며 이 회사의 요구를 기각했다. JP모건의 경우는 주주들과 타협한 사례이다. 이 회사는 한 자산운용사가 주주 제안을 철회하자 로비 활동 등에 대해 더 자세한 자료를 공시하겠다고 약속했다.

기후 관련 주주 제안에서는 이 같은 '거래'가 활발하게 이뤄졌다. 비영리기관인 세레스Ceres는 올해 들어 215개의 기후 관련 주주 제안이 나왔는데 이 중 절반에 가까운 103건이 주주가 제안을 철회하는 조건으로 기업이 행동을 취할 것을 약속하는 방식으로 타협이 이뤄졌다고 밝혔다. 또 주주들은 은행과 보험회사에 화석연료 기업에 대한 자금지원을 중단할 것을 촉구하는 주주 제안을[48] 제기하기도 했다.[49] 의결자문사인 ISS는 기후 관련 주주 제안에 대해서는 찬성할 것을 권고하는 입장을 취하고 있다. ISS는 아래와 같은 기후 관련 주주 제안에 대해서는 찬성을 권고하고 있다.

- 기후변화가 초래하는 재무적, 물리적 그리고 규제 리스크에 대한 정보, 기업의 사업 활동과 투자에 대한 정보, 그리고 기업이 이들 리스크를 확인, 측정, 관리하는 방식에 대한 정보를 요구하는 주주 제안
- 온실가스 배출 감축을 요구하는 주주 제안
- 기후변화 관련 규제 및 공공 압력에 대한 대응 보고서, 그리고 기후변화 관련 기업의 정책 수립에 도움이 된 보고서

---

48 ISS(2022.1.19.), 'INTERNATIONAL CLIMATE PROXY VOTING GUIDELINES'
49 Ceres(2022.4.27.), 'As 2022 proxy season begins, record numbers of climate resolutions and agreements bode well for action'

를 요구하는 주주 제안

- 기업의 활동 및 제품에서 발생하는 온실가스 감축 목표에
  대한 보고서 또는 공시를 요구하는 주주 제안

이와 관련, 주목할 점은 주주 제안이 기업의 긍정적인 변화를 가져오고 있다는 사실이다. 2018년~2020년 기간 중 주총에서 지지를 얻은 환경과 사회 관련 주주 제안을 대상으로 분석한 연구 결과를 보면, 해당 기업의 ESG 평가등급이 개선된 것으로 나타났다.[50] 기업의 3분의 2 이상이 MSCI 등급이 종전보다 올라가고, 약 60% 기업의 환경과 사회 평가 등급은 산업 평균치를 웃도는 성과를 보였다. 특히 탄소 감축 대응에서 주주제안에 직면한 기업들은 크게 변화하는 모습을 보이고 있다. 이들 기업은 의욕적인 감축 목표치를 설정할 뿐만 아니라 기후변화를 비즈니스에 대한 중대한 리스크로 인식하고 있으며 기후 리스크를 관리하기 위한 시스템을 구축하고 있다. 조사 대상 기업 중 52% 이상이 기후 리스크와 기회에 대응하는 것으로 나타났는데 이는 2018년보다 14% 높아진 수준이다.[51]

---

50 Peter Reali 등(2022.3.17.), 'Coming to Terms with a Maturing ESG Landscape', Harvard Law School Forum on Corporate Governance
51 TCFD(2021), 'The Task Force on Climate-related Financial Disclosures 2021 Status Report'

기업들은 일부 주주 제안이 기업의 일상적인 사업활동에 부정적 영향을 미칠 것이라며 반발하고 있다. 하지만 ESG에 대한 주주들의 민감도가 높아지면서 앞으로 소액주주의 영향력은 더욱 커질 전망이다. 무엇보다 제도가 유리하게 변화하고 있기 때문이다. 미국 증권거래위원회는 인덱스펀드에 투자한 투자자들이 의결권을 펀드에 위임하는 대신 자신의 지분만큼 직접적으로 의결권을 행사하도록 하는 방안을 추진하고 있다. 이에 따라 미국에서는 로비, 공급체인 관리, 탄소 배출 감축 등 정보 공개를 요구하는 주주 제안이 늘어날 것으로 예상되고 있다.

지금까지 얘기한 소액주주의 영향력 확대는 우리나라에서는 아직은 가시화되지 않고 있는 현상이다. 상대적으로 대주주의 영향력이 더 큰 이유도 있고 ESG에 대한 인식이 외국에 비해 덜 확산된 이유도 있을 것이다. 하지만 ESG가 투자와 기업경영의 본류로 자리를 잡아가면서 우리나라에서도 투자자들이 ESG에 대해 목소리를 키우는 현상을 멀지 않아 가시화될 것으로 보인다. 기업으로서는 부담스러운 일일 수 있지만 피할 수 없는 일이기도 하다. 투자자의 요구에 수세적으로 대응하기보다는 지배구조를 선진화하고 미국 기업의 사례처럼 기후변화 등에 대한 대응을 본격화하고 ESG 등급도 상향하는 계기로 삼는 게 지혜로운 ESG 경영의 길일 것이다.

ESG의 '지휘부', G(지배구조)

ESG하면 지구온난화 문제 때문에 주로 E(환경)가 제일 자주 얘기가 되고, 그 다음이 S(사회)이다. 지배구조는 그 내용이 쉬 다가오지 않아서인지 E와 S 논의의 뒷전으로 밀려있는 것처럼 보인다. 하지만 ESG 중 가장 중요한 것은 사실상 G라는 언급이 적지 않다. E와 S에 대해 올바른 의사 결정을 하려면 G가 잘 돼 있어야 하기 때문이다.

지배구조는 기업의 의사 결정 구조를 말한다. 투명하고 윤리적인지 등에 초점을 맞추고 있다. 지배구조는 의사 결정 과정에서 경영진, 이사회, 주주, 이해관계자에 권한과 책임이 어떻게 분산돼있는지를 보여주는 요소이다. 최근에는 기업의 목적, 이사회의 역할과 구성, 최고 경영자에 대한 보상 등이 핵심 이슈가 되고 있다. 지배구조를 구성하는 지표는 크게 이사회, 주주, 감사, 윤리경영, 배당 등으로 구성돼 있다. 어떤 기관이 제시한 지표냐에 따라 지배구조의 구성 지표는 차이를 보이고 있다. 〈표20〉은 지속가능보고서 공시의 기준이 돼는 GRI 지표, 한국 정부가 표준안으로 제시한 K-ESG, 그리고 국민연금이 활용중인 지배구조 지표를 비교해놓고 있다. GRI는 이사회를 일컫는 최고의사결정 기구에 대한 비중이 높은 편이고 관련 지표의 표현이 상대적으로 추상적인 편이다. 이에 비해 K-ESG는 이사회 구성, 주주 관리, 윤리경영, 감사기구, 지배구조 법과 규제 위반으로 구체적인

표19 ESG 등급 부진 기업의 평가 하위 항목 현황

일본		미국		한국	
항목	비중	항목	비중	항목	비중
기업지배구조	27.60%	제품안전·품질 (관리)	22.60%	기업 행태	25.80%
기업 행태	15.20%	기업 행태	21.50%	기업지배구조	24.70%
제품안전·품질 (관리)	9.50%	근로 관리	17.20%	근로 관리	10.10%
인적자원개발	7.60%	기업지배구조	5.40%	유독물질배출/ 폐기물	5.60%
근로 관리	5.70%	개인정보·데이터 보안	4.30%	청정기술개발	5.60%

자료: 전경련(한·미·일 매출액 100대 기업의 MSCI 평가 결과 비교. 한국 50개 사, 일본 87개 사, 미국 73개 사)

표20 지배구조 관련 지표

GRI	지배구조, 권한 위임, 경제적 환경적 사회적 주제에 대한 임원의 책임, 경제적 환경적 사회적 주제에 대한 이해관계자와의 협의, 최고의사결정기구 및 하위 위원회의 구성, 최고의사결정기구 의장, 최고의사결정기구 위원 추천 및 선정, 이해관계 상충, 목표 가치 및 전략 수립에 관한 최고의사결정기구의 역할, 최고의사결정기구의 집단지식, 최고의사결정기구의 성과 평가, 경제적 환경적 사회적 영향의 파악과 관리, 위험 관리 절차의 효과성, 경제 환경 사회적 주제에 대한 검토, 지속가능성 보고에 대한 최고 의사결정기구의 역할, 중요 사안에 대한 커뮤니케이션, 중요 사안의 특성 및 수, 보상 정책, 보수 결정 절차, 보수 정책에 대한 이해관계자 참여, 연간 총 보상 비율, 연간 총 보상비율의 증가율
K-ESG	**\<이사회 구성\>** 이사회 내 ESG 안건 상정, 사외이사 비율, 대표이사 이사회 의장 분리, 이사회 성별 다양성, 사외이사 전문성 **\<이사회 활동\>** 전체 이사 출석률, 사내이사 출석률, 이사회 산하 위원회, 이사회 안건 처리 **\<주주 관리\>** 주주총회 소집 공고, 주주총회 집중일 이외 개최, 집중/전자/서면투표제, 배당정책 및 이행 **\<윤리경영\>** 윤리 규범 위반사항 공시 **\<감사기구\>** 내부 감사부서 설치, 감사기구 전문성(감사기구 내 회계/재무 전문가) **\<지배구조 법/규제 위반\>** 지배구조 법/규제 위반
국민연금	**\<주주의 권리\>** 경영권 보호장치, 주주 의견 수렴장치, 주주총회 공시 시기 **\<이사회 구성과 활동\>** 대표이사와 이사회 의장 분리, 이사회 구조의 독립성, 이사회의 사외이사 구성 현황, 이사회 활동, 보수위원회 설치 및 구성, 이사보수 정책 적정성 **\<감사제도\>** 감사위원회 사외이사 비율, 장기 재직 감사 또는 감사위원회 비중, 감사용역 비용 대비 비감사용역 비용 **\<관계사 위험\>** 순자산 대비 관계사 우발채무 비중, 관계사 매출거래 비중, 관계사 매입거래 비중 **\<배당\>** 중간/분기배당 근거 마련, 총주주수익률, 최근 3년내 배당지급, 과소 배당

지표를 제시하고 있다. 국민연금은 역시 자금 운용을 맡고 있는 기관의 특성상 투자 리스크를 진단하기 위해 관계사 위험 관련 3개 지표를 들여다보고 있으며 배당을 별도 영역으로 빼내 총주주수익률 등 4개 지표를 평가하고 있다.

국가별로 기업의 ESG 평가 현황을 보면 지배구조와 관련한 국가별 차이점이 잘 드러나고 있다. 전경련이 분석한 '한·미·일 주요 기업 ESG 등급 비교'를 보면 등급이 우수한 기업들의 항목 평가는 국가별로 차이를 나타냈다.[52] 미국 기업은 역시 기업 지배구조가 가장 좋은 평가를 받고 있으며, 일본은 기업행태가 1위다. 이에 비해 한국 기업은 청정기술 개발이 1위, 기업지배구조는 3위이다. ESG 등급이 부진한 기업의 경우 항목별 평가를 보면 한국은 기업행태와 기업지배구조가 각각 1, 2위로 평가가 좋지 않은 요인이다. 일본 기업의 경우도 기업지배구조와 기업행태 평가가 좋지 않았으며, 미국 기업은 지배구조가 4위에 머물렀다.

투명하고 건전하고 윤리적인 지배구조가 중요한 것은 그 자체로 E나 S는 물론 전략 등에 대해 올바른 의사 결정을 내릴 수 있는 바탕이 되기 때문이다. 그 결과 지배구조가 우수한 기업은

---

52 전경련(2021.5.24.), '한·미·일 주요 기업 ESG 등급 비교'

넥스트 ESG

좋은 성과를 보이고 그렇지 않은 기업은 경영 실적이 좋지 않았다. 신용평가회사인 S&P는 지배구조가 기업실적에 미치는 영향을 조사하기 위해 경제범위점수EDS; Economic Dimension Score라는 지표를 만들었다. 이 지표는 기업의 지배구조 성과뿐만 아니라 경영 시스템의 질과 장기적 리스크와 기회를 관리하는 능력을 평가하는 내용을 담고 있다. EDS는 기업 지배구조, 비즈니스 행위 규칙, 리스크 및 위기관리, 공급체인 관리, 조세 전략, 중대성, 정책 영향, 임팩트 측정 및 가치 평가 등 8개 기준으로 구성돼있다. S&P가 포괄적인 지배구조 평가를 위해 EDS를 활용해 분석한 결과 가장 평가가 나쁜 5분위 기업의 주가수익률(연율)은 7.84%로 다른 분위 기업의 수익률(9.51%~10.02%)보다 낮았다.[53] 이 같은 결과는 지배구조가 나쁜 기업이 사업 기회를 포착할 능력과 경영 실력이 부실할 가능성이 크다는 것을 말해주고 있다.

지배구조에서 중요도가 높은 지표 중 하나는 성별 다양성과 평등이다. 기관투자가들은 이사회 구성이나 임원 순위에서 여성의 위상을 개선하고 급여나 승진 등 측면에서 여성에게 남성과 동등한 기회를 부여할 것을 요구하고 있다. 성별 다양성과 포용성이 개선된 기업이 더 나은 재무 성과를 보이고 있기 때문이다.

---

53 S&P(2019.3.22.), 'Exploring the G in ESG; The Relationship Between Good Corporate Governance and Stock Performance - Part2'

S&P 글로벌 마켓 인텔리전스의 분석 결과를 보면 여성 CEO와 CFO가 있는 기업은 주가수익률이 시장 평균치를 웃돌았다. 선임 후 24개월 동안의 주가수익률을 추적한 결과 여성 CEO가 지휘하는 기업의 주가는 20%가 올랐다. 또 여성 CFO가 있는 기업은 이익이 6% 늘어나고 주가도 8% 이상 상승했다. 특히 여성 CEO가 있는 기업은 이사 중 여성 비율이 23%로 기업 평균치 11%의 두 배 수준이었다.[54] 여성 CEO는 이사회에 여성을 더 적극적으로 참여시키고 이렇게 개선된 성별 다양성과 포용성은 회사의 성과를 개선시키는 있는 것이다.

CEO의 급여도 지배구조의 핵심 이슈 중 하나이다. 미국과 영국의 규제 당국은 상장기업들이 CEO에 대한 보상패키지를 주주총회 안건으로 올리도록 요구하고 있다. CEO 보상의 증가 폭을 억제하려는 이 같은 분위기로 인해 기업들은 근로자 급여 대비 CEO 보수의 비율을 공시하라는 압박을 받고 있다. 이런 가운데 과도한 CEO 보수에 대해 주주들이 제동을 거는 사례가 잇따르고 있다. JP모건과 AT&T 주주들이 CEO 보수안을 승인하지 않은데 이어 인텔 주총에서도 과반을 넘는 주주들은 CEO 패트 갤싱어에 대한 보수안에 반대표를 던졌다. 이같은 주주들의 의사

---

54 S&P Global Market Intelligence(2019.10.16.), 'When Women Lead, Firms Win'

표명은 권고안의 성격을 띠지만 수백만 주의 주식 지급을 포함한 CEO 보상 패키지에 주주들이 반기를 든 의미있는 사례로 평가되고 있다.

지배구조에서는 역시 이사회의 역할이 가장 중요하다. 기업의 중장기 가치를 제고하기 위한 투명하고 독립적인 의사 결정이 이뤄져야 하는 공간이기 때문이다. 특히 ESG와 관련해서는 ESG 전략을 제대로 수립하고 공시 의무를 준수하는지 등에 대한 이사회의 감독 책임이 강화되는 추세이다. 기관투자가들도 이를 눈여겨보고 있다. ESG를 선도하고 있는 세계 최대 자산운용사 블랙록의 래리핑크 회장은 ESG 정보를 제공하지 않거나 ESG 경영에 대한 관리가 제대로 이뤄지지 않는다면 이사들에게 책임이 있음을 강조하고 있다. 특히 세계 최대의 의결권 자문사인 ISS는 적절한 기후관련 공시를 하지 않는 기업이 있으면 해당 사안에 책임이 있는 이사의 재선임에 대해 반대표를 던지도록 권유할 수 있음을 경고하고 나섰다.

현재 국내 기업들은 ESG 경영을 지휘하고 감독한다는 명목으로 ESG 위원회를 설치하고 있다. 2021년 6월 기준으로 유가증권 상장사와 대형금융사 874개 가운데 110개 사가 ESG위원회를 설치한 상태이다. 하지만 그 운용 실태는 만족스럽지 못한 상황이다. 2021년 중 KOSPI 200 기업 ESG위원회 등의 회의 횟수는 평균 1.4회에 불과했다.[55] 더구나 처리하는 안건 내용을 보면 합격권이라고 보기 어려운 실정이다. 한국기업지배구조원은 위원회에 상정된 대부부 안건이 내부거래 승인 등 다른 위원회나 이사회에서 논의돼도 무방한 내용이며, ESG 전략 안건을 상정한 회사는 40개 사에 불과하다고 밝히고 있다.[56] ESG 위원회가 제구실을 하지 못하고 있다는 얘기다.

이처럼 독립적으로 운영되는 ESG위원회는 독립성 자체가 걸림돌이 될 수 있는 것으로 지적되고 있다. 이사회의 주요 안건과 관련된 사업, 재무, 전략과 같은 주요 안건에서 배제되거나 우선순위에서 밀려날 수도 있는 단점이 있다고 법무법인 태평양은 지적하고 있다. 이 법무법인은 단점을 보완하기 위해 감사위원회, 리스크관리위원회, 보수위원회 등 다른 소위원회 위원장이나 위원이 ESG위원을 겸임하도록 하는 방안을 대안으로 제시하고 있다.[57]

앞으로 ESG 경영을 명실상부하게 하기 위한 지배구조를 갖추

---

55 KPMG 감사위원회 저널(2021.7), '국내 주요 상장법인 ESG위원회 현황'
56 KCGS Report 제11권 10호(2021.10), '2021년 ESG위원회 설치 및 운영 현황', 한국기업지배구조원
57 Legal Update(2022.4.20.), 'ESG 경영과 지배구조: 이사회 및 위원회 운영방안', 법무법인 태평양

고 있는지는 투자자와 신용평가회사 등 외부 이해관계자가 집중적으로 들여다보는 지표가 될 것이다. 형식만 갖추고 소극적으로 운영하는 기업은 워싱 논란 등 비판에 직면할 가능성이 있다. 결국 지배구조가 E와 S의 개선을 가져오는 중요 변수인 만큼 기업 스스로 지배구조의 혁신을 통해 ESG 경영을 펼쳐나가는 게 바람직할 것이다.

03
—

ESG의
주요 이슈들

최근 주목할만한 움직임이 나타나고 있다.
시카고학파의 프리드먼 '후예'들이
프리드먼이 기업의 사회적 책임을
부정한 것은 아니라며
사회적 책임의 필요성을 인정하기 시작했다.
이 같은 입장은 시카고대학의 스티글러 센터가
프리드먼 독트린이 나온 지 50주년이 되는 것을
기념해 발간한 논문집에서 공식화됐다.

ESG에
목소리 내는 법원

　우리나라만 해도 ESG는 아직은 기업경영과 자본시장, 금융 등의 이슈이다. ESG 논쟁이 법정으로는 옮겨가지 않은 상황이다. 하지만 일찌감치 ESG 이슈에 대한 논의가 활발하게 진행돼온 외국에서는 법원도 ESG에 관한 의사 결정에 중요한 주체로서 참여하고 있다.

　2013년 11월의 네덜란드로 가보자. 당시 환경단체인 우겐다 Urgenda 재단과 900명의 시민은 정부를 상대로 소송을 제기했다. 소송 사유는 정부의 탄소 감축 계획이 국가를 안전하게 보호하기에는 너무 약하다는 것이었다. 이로부터 6년 후인 2019년 12월에 중요한 판결이 나온다. 네덜란드 대법원은 환경단체와 시민들에게 승소 판결을 확정했다. 판결 내용은 2020년 말까지 탄소 배출량을 1990년대 수준보다 25% 이상 감축하라는 것이었다. 이는 당초 네덜란드 정부가 계획했던 17%를 크게 상회한 수준이다. 이 판결은 네덜란드 정부에 의해 그대로 집행됐다.[58] 법원이 구체적으로 얼마만큼 탄소 배출량을 줄여야 하는지 정부의 의사 결정에 깊게 개입한 사례이다.

이후 독일에서도 비슷한 일이 일어난다. 2020년 2월 젊은 환경활동가들이 독일의 탄소 감축 목표치가 파리기후협약에 부합하지 않는다는 이유로 독일 기후보호법이 위헌이라는 헌법소원을 제기했다. 1년여 후인 2021년 4월 29일 독일 헌법재판소는 역사적인 판결을 한다. 헌법재판소는 원고의 주장을 받아들여 당시 기후보호법이 위헌이라고 판결했다. 독일 헌재는 2030년까지 단기 대책만 명시한 기후보호법은 미래세대의 자유권을 침해해 위헌이라며 독일 정부가 과학적 연구 결과를 반영해 2022년 말까지 기후보호법을 개정하라고 판결했다. 그러자 독일 정부는 신속하게 움직였다. 헌재의 판결이 나오자마자 작업에 착수해 5월에 기후보호법을 개정 완료했다. 법 개정에 따라 독일의 탄소중립 시기가 당초의 2050년에서 2045년으로 5년 앞당겨졌다.

---

58 The Economist(2022.4.23), 'Lawsuits aimed at greenhouse-gas emmissions are a growing trend'

1990년대에 대비한 2030년의 탄소 감축 목표도 종전의 55%에서 65%로 크게 상향조정됐다. 법원이 기후변화에 대응을 가속화하도록 개입한 또 하나의 중요한 선례이다.

이와 유사한 소송이 현재 미국에서도 진행 중이다. 지난 2015년 8월 19세 이하 미국 청년 21명은 연방정부를 상대로 소송을 제기했다. 이들은 미국 정부가 위험한 수준으로 화석 연료 사용을 허가함으로써 '생명, 자유, 재산권'에 대한 시민의 권리를 침해했다고 주장했다. 이 소송은 현재 진행형이다.

법원이 민간기업의 탄소 감축에 개입한 경우도 있다. 무대는 역시 네덜란드. 2019년 4월 환경단체인 밀리유데펜시Milieudefensie는 글로벌 정유기업인 셸(당시 이름 로얄더치셸)이 기후변화에 대응하는 것을 회피함으로써 불법적으로 생명을 위협하고 있다며 헤이그 지방법원에 소송을 제기했다. 2021년 5월에 역사적인 판결이 나온다. 헤이그 지법은 2030년까지 탄소 배출량을 2019년 대비 45% 줄일 것을 셸에 명령하는 판결을 내렸다. 주목할 점은 45% 감축 대상에 셸이 직접 책임을 지는 스코프 1뿐만 아니라 간접 탄소 배출인 스코프 2와 스코프 3를 포함시켰다는 점이다. 판결문이 인상적이다. "기후변화가 모든 사람의 삶과 인권에 중요한 영향을 미친다는 점에 비춰볼 때, 셸은 이를 관리해야 할 의무를 위반했다. 기후변화의 영향은 셸의 이익보다 중요하다". 이번 헤이그 지법의 판결은 민간기업의 온실가스 배출에 법원이 개입한 첫 판결이라는 점에서 의미가 크다. 셸은 판결에 불복해 항소했다. 셸은 여기에 그치지 않았다. 사명을 로얄더치셸에서 셸로 바꾸고 본사를 아예 헤이그에서 영국 런던으로 옮기기로 했다.

　현재 미국에서도 기업을 상대로 한 기후 관련 소송이 천여 건 이상 진행되고 있는 것으로 알려지고 있다. 가장 문제시되는 것은 기업이 공시하는 것과 실제 하는 일에 차이가 있을 때이다. 친환경 경영을 한다고 하면서도 실제로는 그렇지 않은 그린워싱 이슈이다.(그린워싱에 대해서는 뒤에서 자세히 다룰 예정이다) 기업들은 마케팅 목적으로 기후 공시를 하거나 상품에 지속가능 라벨을 붙일 수 있는데 이게 사실이 아닌 경우에는 소송의 대상이 될 수 있다. 현재 10여 개 이상의 소송이 미국 석유기업을 상대로 제기돼있는데 대부분 주정부나 지방정부가 소 제기를 한 것이다. 예를 들면, 매사추세츠주 법무장관은 엑슨모빌을 상대로 소송을 냈는데 엑슨모빌은 기후관련 리스크를 공시하지 않음으로써 투자자와 소비자를 기만하고 고의로 기후 리스크에 대한 정보를 잘못 알리거나 생략했다는 혐의를 받고 있다. 이뿐만이 아니다. 애나폴리스시는 지역 화석연료 기업을 상대로 소송을 진행하고 있다. 애나폴리스시는 제품이 기후변화에 미치는 영향 등 정보를 이들 기업

이 숨겼다고 보고 있다. 하와이 호놀룰루 카운티에서도 유사한 소송이 진행되고 있다.[59]

이코노미스트지는 앞으로도 이같은 소송은 더 늘어날 것으로 보고 있다. 세 가지 이유가 있다. 먼저 점점 더 많은 국가들이 탄소중립 선언을 하면서 이를 법제화함에 따라 법이 개입할 여지가 커졌다. 둘째, 성공이 성공의 씨앗을 낳고 있다. 다시 말해, 2021년에 미국 이외의 지역에서 제기된 기후 관련 소송의 승소율이 58%에 이르다 보니 승소를 예상한 소송이 잇따르고 있다. 마지막으로 환경단체들의 인식이 바뀌고 있다. 기후변화 대응에 대해 정치권이 느리게 움직인다고 보고 탄소 배출에 대한 싸움의 장을 법원으로 옮겨가려는 움직임을 보이고 있다.

ESG 관련 소송은 환경 문제에만 국한되지 않고 있다. 이해관계자와 관련된 S(사회) 이슈에서도 법적 대응이 잇따라 제기되고 있다. 팬데믹 기간 중 미국에서는 주로 보건이 문제가 돼 4,200건 이상의 소송이 기업을 대상으로 제기됐다. 직장에서의 성차별과 인종차별도 자주 언급되는 법적 분쟁 이슈이다. 지난 2월 초에 캘리포니아 주정부가 흑인 근로자를 대상으로 광범위한 차별이

---

59 Cleantechnica(2022.3.10), 'ESG Lawsuits In 2022 Challenge Environmental Reporting Discrepancies'

있었다는 혐의로 테슬라를 고소한 것이 대표적 사례이다.

　지금까지 살펴본 것처럼 해외에서는 법원이 ESG 이슈에 대해 적극적으로 개입해 전향적인 판결을 하고 기업을 대상으로 한 ESG 관련 소송도 늘어나고 있다. 아직 국내에서는 이 같은 움직임이 나타나고 있지는 않다. 하지만 ESG가 경영의 본류로 자리

그림4 국내 ESG관련 법률 현황

환경
Environmental

사회
Social

지배구조
Governance

・**매체 별 환경보전:**
대기/물/토양환경보전법
・**기후변화, 에너지 이용:**
탄소중립기본법, 배출권거래법, 에너지이용합리화 법
・**폐기물/자원순환:**
폐기물관리법, 자원순환법
・**화학물질 규제:**
화관법, 화평법, 화학제품안전법 등
・**생물다양성:**
생물다양성법, 유전자원법, LMO법
・**환경정책기본법, 환경법죄단속법**

・**경쟁보호:** 공정거래법 및 광의 공정거래법(표시광고법, 하도급거래법, 대리점법, 대규모유통업법 등)
・**제품안전, 소비자보호:** 소비자기본법, 제품안전기본법, 전기용품 및 생활용품 안전관리법, 제조물책임법, 식품위생법
・**근로자:** 산업안전보건법, 중대재해처벌법, 근로기준법
・**인권:** 형법(약취 유인죄, 인신매매죄), 국가인권위원회법, 아동복지법, 인권정책기본법안('21.12. 정부안)
・**정보보호:** 개인정보보호법

・**상법**
(이사·감사의 의무 및 주주의 권리 관련 규정 등)
・**자본시장법, 유가증권시장 공시규정**
・**외부감사법**
・**부패방지권익위법**
・**금융사지배구조법**

자료: 윤용희(법무법인 율촌 변호사), 'ESG경영의 필요성과 대응과제'

잡아가고 있는 만큼 해외와 비슷한 흐름이 나타날 것으로 예상된다. 특히 기업이 공시한 내용과 실행한 일에 큰 차이가 있을 경우는 소송의 대상이 될 수 있다. ESG와 관련된 불법 행위나 불성실 공시, ESG 정보의 오류와 누락 등이 문제가 될 수 있다. 아래 표는 국내에서 시행 중인 ESG 관련법을 한 법무법인이 정리한 내용이다. 기업으로서는 향후 ESG 공시 지표가 표준화되는 추세를 잘 파악하면서 무엇보다 실제 상황을 반영한 투명하고 정직하고 일관된 공시를 하는 게 법적 분쟁을 피하는 정공법일 것이다. 또 이게 ESG 경영의 참모습일 것이다.

그린워싱
규제 시동

　영국의 신문인 더가디언지 2021년 4월 19일자에는 '그린워싱 광고를 둘러싼 석유 대기업의 '거대한 사기극''이란 기사가 실렸다.[60] 이 신문은 글로벌 화석연료 대기업들이 기후 위기를 악화시키고 있는 점을 감추기 위해 광고를 이용하고 있다는 환경 변호사단체 클라이언트어쓰ClientEarth의 주장을 보도했다. 이 단체는 예컨대 자사 조류藻類 바이오연료가 수송부문의 탄소 배출을 줄일 수 있다는 엑슨모빌의 광고를 문제 삼았다. 실제로는 엑슨모빌이 탄소중립 시한을 제시하지도 않은데다 2025년 감축 목표에 자사 제품에서 대규모로 발생하는 탄소를 포함시키지도 않고

60　The Guardian(2021.4.19), 'A great deception': oil giants taken to task over 'greenwash' ads

있다는 게 클라이언트어쓰의 주장이었다. 당시 이 단체가 광고를 문제 삼은 화석연료 기업에는 아람코, 셰브론, 셸 등이 포함됐다. 이 변호사 단체는 2019년에도 석유기업 BP가 실제로는 투자의 96% 이상을 석유와 가스 부문에 집중하고 있으면서도 저탄소 에너지제품에 초점을 맞추고 있는 것처럼 광고를 해 소비자를 오도하고 있다고 문제를 제기한 바 있다. 당시 BP는 이같은 지적에 광고를 내렸다. 흥미로운 점은 이 기사를 보도한 더가디언이 2020년 1월부터 석유 및 가스기업으로부터 광고를 받지 않아온 언론사라는 점이다.

앞으로 ESG와 탄소 감축 등이 경영의 본류를 자리를 잡아가면서 그린워싱 논란은 더욱 커질 전망이다. 투자자 등 외부로부터의 압박이 강화되는 만큼 기업은 실제로는 그렇지 않은데 마케팅이나 평판 관리 등 목적으로 친환경 경영을 잘하는 것처럼 꾸미고 싶은 그린워싱의 유혹을 받을 수 있기 때문이다. 이런 가운데 그린워싱을 추적하는 기업 외부의 시선은 더 매서워질 것이고 그린위싱에 대한 규제도 더욱 촘촘해질 것으로 보인다. 실제로 영국의 자산관리회사인 퀼터Quilter가 조사한 결과를 보면, 투자자들이 ESG 투자를 할 때 가장 크게 우려하는 것은 그린워싱

(응답 비율 44%)으로 나타났다.[61]

그린워싱은 친환경 경영에 대해 잘못된 정보를 제공함으로써 소비자와 투자자에게 큰 피해를 줄 수 있다. 테라 초이스Terra Choice 는 그린워싱을 다음과 같이 7가지 유형으로 구분하고 있다.[62]

(1) 숨겨진 상충효과(Hidden Trade-off)

다른 중요한 환경 이슈를 언급하지 않으면서 제품의 작은 특성만을 거론하며 그린 제품임을 주장하는 경우이다. 예컨대 종이는 환경친화적이라고 하면 안 된다. 종이는 숲에서 벌채된 나무로 만들어지고 생산과정에서 에너지 소비, 온실가스 감축, 물과 공기 오염 등이 일어나기 때문이다. 또 프린터와 복사기 등 사무실 기기가 실내 공기에 부정적 영향을 미치는 점을 언급하지 않으면서 에너지 효율만을 강조하는 게 여기에 해당한다.

(2) 증거 없는 주장(No Proof)

신뢰할 수 있는 제삼자의 인증이나 근거 자료 등에 의해 입증되는 않은 친환경 주장이다. 근거 없이 에너지 효율이 높은 등이나 전구라고 하거나 재생 티슈라고 하는 광고가 대표적 사례이다.

---

61 Quilter(2021.5.24), 'Greenwashing tops investors' concerns'
62 terrachoice(2010), 'THE SINS of GREENWASHING'

(3) 애매모호한 주장(Vagueness)

소비자들의 오해를 유발하는 애매한 주장이다. 친환경임을 강조하기 위해 '올 내츄럴All-natural'이라고 하는 광고가 여기에 해당한다. 비소, 우라늄, 수소조차 모두 자연적으로 생겨난 것이지만 사람에게 유해하다. '올 내츄럴'이 반드시 친환경을 의미하지는 않는다. '케미컬 프리Chemical-free' 표현도 마찬가지다. 화학 물질에서 자유로운 것은 없다.

(4) 부적절한 주장(Irrelevance)

사실이지만 의미가 없는 주장이다. 대표적인 예는 'CFC 프리'라는 주장이다. 프레온으로 알려진 CFC는 지구 온난화의 원인이자 오존층을 파괴하는 주범이어서 몬트리올의정서에 따라 사용 자체가 금지되고 있다. 'CFC 프리'라는 주장은 맞지만 모든 제품이 동일한 조건이어서 별다른 의미가 없는, 부적절한 주장이다.

(5) 덜 나쁜 것을 내세운 주장(Lesser of Two Evils)

사실일 수 있지만, 제품의 환경 유해성에 대해 소비자를 현혹시키는 주장이다. '유기농 담배'같은 표현이 대표적 사례이다. 엽연초가 유기농으로 재배될 수는 있지만, 담배 자체가 유해함을 언급하지 않은 이런 광고는 그린워싱에 해당된다.

(6) 거짓말(Fibbing)

말 그대로 거짓 주장이다. 인증이 없는데도 유기농 인증을 받았다고 주장하거나 근거 없이 '에너지 스타' 인증을 받았다고 하는 제품 등이 예이다.

(7) 허위 라벨(Worshiping False Labels)

어떤 기관의 인증도 없이 제삼자의 인증을 받았다고 하는 허위 라벨을 말한다. 한마디로 거짓 라벨이다.

지금까지 살펴본 7가지 그린워싱 유형은 기업이 자사 제품에 대해 잘못된 방식으로 친환경 주장을 하는 것이었다. 그런데 기업의 ESG 공시에도 의혹의 시선이 쏠리고 있다. 에델만의 '신뢰보고서 2021'(700개 기관투자자 대상 조사)을 보면 글로벌 투자자들의 82%는 기업들이 공시를 할 때 ESG 성과를 빈번하게 과장하고 있는 것으로 보고 있는 것으로 나타났다. 국가별로 투자자들의 이 응답 비율을 보면 독일이 87%로 제일 높고 다음으로 미국(86%), 네덜란드(85%)의 순이다. 또 기업들이 지속가능성, ESG, 다양성 및 포용성 등에 한 약속을 잘 지키지 않을 것으로 보는 글로벌 투자자의 비율이 72%에 이른다. 이렇듯 기업이 ESG 약속을 실행에 옮기지 않은 결과 관련 소송이 증가할 것이라고 투자자(응답 비율 87%)는 우려하고 있다. 이 비율이 미국과 독일에서는 각

각 94%와 90%에 이른다. [63]

 그린워싱 논란은 투자 펀드에서도 일어나고 있다. 친환경 기업에 투자한다며 'ESG 펀드'라는 간판을 내걸었는데 실제로는 그렇지 않은 경우들이 적지 않게 나타나고 있다. 최대 규모의 ESG 집중 ETF 펀드인 ESGU의 경우 기후 전체 자산의 3.1%를 기후 악화에 책임이 있는 석유 및 가스 부문에 투자하고 있는 것으로 나타났다.[64] 영국에서는 ESG 관련 펀드들이 저탄소를 내세운 포트폴리오의 3분 1을 석유와 가스 부분에 투자하고 있는 것으로 밝혀졌다.[65] 독일 자산운용사인 DWS는 그린워싱 혐의로 미국 증권거래위원회와 독일 금융감독관의 조사를 받고 있다. DWS에서 글로벌 지속가능성 책임자로 일하던 내부 고발자가 자산 중 절반 이상을 ESG 기준을 활용해 투자했다는 DWS의 주장이 거짓이며 DWS가 적절한 ESG 평가시스템조차 보유하고 있지 않다고 주장해 파문을 일으켰다. 또 ESG 평가기관인 인플루언스 맵Influence Map은 블랙록, 스테이트 스트리트 글로벌 어드바이저스, UBS 등 주요 자산운용사들이 운용 중인 130개 ESG 펀드 가운데 72%가 지구의 기온상승 폭을 1.5℃ 이내로 억제하기로 한 파

63 Edelman(2021), 'Edelman Trust Barometer 2021'
64 Green Finance(2022.3.16), 'Greenwashing Is Increasingly Making ESG Moot'
65 Financial Times(2020.12.1), 'Third of low-carbon funds imvest in oil and gas, think tank finds'

리기후협정의 목표와 일치하지 않는다고 평가하기도 했다. 펀드들의 비윤리적인 투자도 ESG를 훼손하는 잘못된 투자로 도마위에 오르고 있다. 우크라이나를 무력으로 침공해 국제적 비난을 받고 있는 러시아에 여전히 투자하고 있는 ESG 펀드들이 대표적 사례이다.

금융기관들이 ESG 간판을 내걸면서도 그린워싱에 나서는 이유는 무엇일까? 우리금융경영연구소는 두 가지 요인을 들고 있다. 첫째, '진정한 ESG'를 엄격하게 가려낼 수 있는 평가체계가 아직 구축단계에 있어 명확하고 일관된 그린워싱 판단기준이 없기 때문이다. 다음으로 금융기관들이 내부적으로 적절한 검증 및 평가 프로세스가 없는데도 당장 가시적인 ESG를 성과를 내려고 무리하게 ESG 활동을 부풀리는 단기 성과주의의 유인이 상존하기 때문이다.[66] 이렇게 보면 금융회사의 그린워싱을 억제하기 위해서는 그린워싱에 대한 명확한 판단기준 설정과 금융회사 스스로의 ESG 단기성과주의 자제가 필요한 것으로 보인다. 전자는 제도로 해결할 수 있지만 후자는 금융회사의 인식 전환이 필요한 문제이다.

---

66 우리금융경영연구소(2021.10.12.), '글로벌 금융회사의 그린워싱 사례와 시사점'

넥스트 ESG

이처럼 그린워싱이 문제가 되자 각국 정부는 이를 규제하려는 움직임을 본격화하고 있다. 미국에서는 SEC가 팔을 걷어붙이고 나섰다. SEC는 기후 및 ESG 태스크포스를 구성해 투자에 있어서 그린워싱 이슈를 정조준하고 있다. SEC는 펀드들의 ESG 투자가 고객에게 고지한 투자 설명서대로 이뤄지고 있는지 등을 집중적으로 살펴보고 있다. 특히 SEC의 조사국은 지난 3월 30일 5대 중점 조사항목을 밝혔는데 이중 하나가 ESG 투자이다. SEC 조사국은 "ESG 포트폴리오가 중대하게 잘못되고 오도하는 정보를 담아 투자자에게 피해를 줄 위험이 있다"고 진단했다. 조사국은 펀드의 그린워싱 여부와 관련 크게 세 가지를 조사할 방침이다. 이 세 가지는 펀드들이 1) 정확하게 ESG 투자 방식을 공시하고 그 공시 내용과 일치된 방식으로 투자를 실행하고 있는지 2) 고객에게 위탁받은 의결권을 행사할 때 ESG 공시에 맞게 하고 있는지 3) 운용실적을 광고하거나 마케팅할 때 ESG 요소를 과장하거나 잘못 공표하고 있는지이다.

실제로 SEC는 그린워싱에 대해 강공을 이어가고 있다. SEC는 간판만 ESG를 내걸고 실제로는 그렇지 않은 펀드를 규제하기 위해 몇 가지 방안을 발표했다.[67] 그 내용을 보면, 먼저 ESG를 고

---

67 Gary Gensler(2022.5.25.),'Statement on ESG Disclosures Proposal', SEC

려한다고 표방하는 펀드는 투자 설명서에 자사가 고려하는 ESG 요소가 무엇인지와 투자 전략을 담아야 한다. 해당 펀드가 특정 유형의 자산을 배제하거나 포함하는지, 또 어떤 목적을 달성하기 위해 주주 관여를 하는지 등이 여기에 포함된다. 둘째, ESG에 초점을 맞추고 있다고 하는 펀드는 투자 목적을 달성하기 위해 활용하는 기준과 데이터를 구체적으로 공시해야 한다. 셋째, 특정한 유형의 ESG 펀드는 관련 측정 지표를 공시해야 한다. 예컨대 일부 펀드는 포트폴리오의 온실가스 배출량을 공시해야 한다. 사회나 환경에 긍정적 영향을 미치는 기업에 투자하는 임팩트 펀드는 측정 지표 공시를 통해 당초 정한 목표치를 어느 정도 달성했는지를 보여줘야 한다. SEC는 이와 함께 이른바 '이름 법^{Name} $_{Rule}$'으로 불리는 투자회사법의 개정안을 발표했다. 주요 내용은 '80% 투자 의무화 사항'의 적용 대상이 되는 펀드를 확대하는 것이다. 이 조항은 펀드 이름에 명시된 투자항목에 대한 자본의 비중이 80% 이상되도록 하는 것인데 이번 개정안에서는 이 조항이 ESG투자 등에도 확대 적용되도록 했다.[68] 이에 따라 이 개정안이 시행되면 'ESG 펀드'라고 이름을 붙인 펀드는 ESG 자산에 80% 이상을 투자하는 게 의무화된다. 무늬만 ESG이고 실제로는 그렇지 않은 그린워싱에 강력히 제동을 걸겠다는 의도가 담겨져

---

68 김지이나 등(2022.7.3.), '미국 증권거래위원회(SEC), ESG 펀드 워싱 방지 규제강화', 법무법인 태평양

있다.

유럽연합은 미국보다 앞서 그린워싱으로부터 투자자들을 보호하기 조치를 취했다. 유럽연합은 2021년 3월부터 역내 은행과 연기금, 자산운용회사 등이 투자나 금융상품과 관련된 지속가능성 정보를 의무적으로 공시하도록 하는 지속가능금융공시규제SFDR:Sustainable Financial Disclosure Regulation를 시행하기 시작했다. SFDR은 공시 대상을 금융회사와 금융상품, 둘로 나눠 지속가능성 공시 의무를 부과하고 있다. 먼저 금융회사에 대해서는 지속가능성에 대한 주요 부정적 영향을 웹사이트에 공시하도록 하고 있는데 18개 지표가 정량적 공시 대상이다. SFDR은 EU 금융기관이 기업에 투자할 경우 전체 온실 가스 배출량과 스코프 1, 스코프 2, 스코프 3 배출량(스코프 3는 2023년 1월부터 적용) 배출량 공시를 의무화하고 있다. 18개 정량 지표는 다음과 같다.

SFDR 공시 의무화 지표[69]

기업에 대한 투자 시

1) 온실가스 배출량 2) 탄소 발자국 3) 피투자기업의 온실가스 강도 4) 화석연료 기업에 대한 투자 비중 5) 피투자기업의 재

---

69 자본시장포커스(2021.3.23.~4.5), '유럽의 지속가능금융공시 최종보고서 및 기술표준 초안 주요 내용과 전망, 자본시장연구원

생 불가 에너지 생산 점유율 6) 피투자기업의 수익 대비 에너지 소비량 7) 생물다양성이 민감한 지역에서 부정적인 영향을 미치는 피투자기업의 활동 8) 오염수 방출 9) 유해 폐기물 비율 10) 유엔글로벌콤팩트UNGC 원칙과 다국적 기업을 위한 OECD 지침을 위반한 기업에 대한 투자 비중 11) UNGC 원칙과 OECD 지침 준수 모니터링 체계 및 규정 준수 구조가 없는 기업에 대한 투자 비중 12) 피투자기업의 조정되지 않은 성별 임금 격차 13) 피투자기업 이사회의 남여 비율 14) 논란의 여지가 있는 무기의 제조 또는 판매에 관련된 피투자기업에 대한 투자 비중

국가 등에 대한 투자 시

15) 온실가스 강도 16) 국제조약 및 협약, UN 원칙, 국가법률에서 언급되는 사회적 위반에 해당하는 피투자국가 수

부동산자산 투자 시

17) 화석연료 추출, 저장, 운송, 제조에 관련된 부동산 자산에 대한 투자 비중 18) 에너지 효율이 낮은 부동산 자산에 대한 투자 비중

SFDR은 EU 안에서 판매되고 있는 금융상품 중 환경적·사회적 특성을 홍보하는 금융상품과 지속가능한 투자를 목표로 하

는 금융상품에 대해서는 계약 전 공시, 웹사이트, 정기 공시를 통해 해당 금융상품이 지속가능 목표를 충족하는 세부 정보 등을 알리도록 하고 있다. 자본시장연구원은 SFDR의 시행에 따라 투자자들이 자산운용회사와 금융상품의 지속가능성 노력 정도를 비교할 수 있게 돼 그린워싱 문제가 어느 정도 완화될 것이라고 분석했다. 다만, 유럽에 진출한 국내 기업이나 유럽 금융기관에서 투자를 받은 기업은 지속가능성 관련 정보의 제출을 요청받을 수 있어 지속가능성 정보 공시제도의 정비 등 대비가 필요하다는 지적이다.

유럽연합이 이같이 그린워싱에 대한 대응에 나선 것도 별개로 개별 국가도 나름대로 대응 체제를 갖추고 있다. 영국에서는 금융행위당국FCA:Financial Conduct Authority이 그린워싱 방치대책을 마련하는 방안을 추진하고 있다. FCA는 자체 조사 결과 ESG 펀드에 대해 그 운용 내용에 따라 금, 은, 동메달 같은 등급을 부여했을 때 투자자에게 도움이 되는 것으로 나타남에 따라 등급을 공시하는 방안도 검토하고 있다.

'워싱' 문제는 지금까지 살펴본 그린워싱에 그치지 않는다. 그린워싱은 실제로는 그렇지 않은데 친환경으로 위장하는 행위이다. 또 다른 '워싱'은 ESG워싱이다. 실제로는 ESG 가치를 위배하며 경영을 하는데도 ESG 경영을 잘 하는 것처럼 꾸미는 것이다. 여기에 '워크 워싱Woke Washing을 추가할 수 있다. 워크워싱은 ESG 의 S(사회)와 관련이 있다. 즉, 이해관계자를 존중하는 것처럼 얘기해놓고 실제로는 그렇게 하지 않는 행위이다. 미국에서는 직장 내 차별이 없을 것이라고 공언해놓고 인종 차별 등을 한 기업들이 사회적 비판을 받고 있다. 바로 워크 워싱을 한 기업들이다.

그린워싱을 억제하기 위해서는 어떤 조치가 필요할까? 엘렌 페이위유 등이 펴낸 연구보고서를 보면 지배구조와 정밀 조사가 그린워싱을 줄이는 데 중요한 요인인 것으로 나타났다.[70] 구체적으로 사외이사가 많을수록, 기관투자자가 많을수록, 국가 시스템이 덜 부패해 공공의 이익이 더 영향력이 있을수록, 그리고 교차상장의 경우가 그린워싱 방지 효과가 큰 것으로 연구됐다. 예컨대 덜 부패한 국가의 시민들은 그린워싱에 대해 더 잘 파악할 있는 위치에 있어 기업의 그린워싱을 억제할 수 있다. 또 복수의 국가 증시에 상장하는 교차증시를 한 기업은 본사가 소재한 국가는 물론 외국 정부의 규정을 함께 지켜야 한다. 이런 기업들은 해외 이해관계자를 자극하는 것을 피하려고 그린워싱을 하려는 유인이 적을 수밖에 없다.

---

70 Ellen Pei-yi Yu, Bac Van Luu, and Catherine Huirong Chen(2020), 'Greenwashing in environmental, social and governance disclosures'

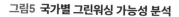

그림5 국가별 그린워싱 가능성 분석

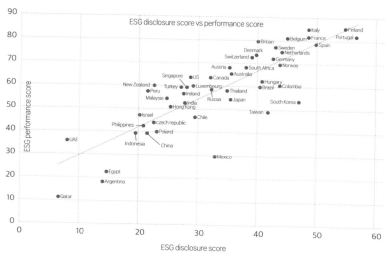

자료: Ellen Pei-yi Yu, Bac Van Luu, and Catherine Huirong Chen(2020),
'Greenwashing in environmental, social and governance disclosures'

이 보고서는 47개국의 기업을 대상으로 한 연구 결과를 담았는데 국가별 그린워싱 정도에 대해서도 분석을 시도했다. ESG 성과 점수보다 ESG 공시 점수가 높은 국가들이 그린워싱이 일어날 가능성이 큰 나라로 진단했다. 공시를 많이 하지만 ESG 성과가 낮다면 그린워싱이 이뤄졌을 가능성이 크다는 것이다. 여기에 해당되는 국가가 한국과 일본 등 아래 그래프의 사선 아래 부분에 있는 나라들이다. 이 보고서는 한국과 일본, 두 나라를 언급하며 다른 나라에 비해 ESG 공시 성적은 좋은 반면에 실제 ESG 성과는 부진하다고 평가했다. 다른 나라보다 두 나라가 그린워싱의 우려가 크다는 것이다. ESG 투자가 확산되는 지금, 투자자 보호를 위해 한국 금융당국이 눈여겨봤으면 하는 대목이다.

녹색, 사회,
지배구조 택소노미(분류체계)

택소노미Taxonomy는 분류체계라는 말이다. ESG와 관련된 택소노미는 말 그대로 E(환경), S(사회), G(지배구조)에 대한 분류체계로 구분된다. 어떤 경제활동이 ESG 각각의 요소를 충실하게 반영한 활동인지를 세밀하게 정의하기 위한 목적으로 논의되고 있다. 정확한 분류가 이뤄져야 ESG를 지원하거나 관련 투자를 하기 위한 자금이 정확하게 '목적지'를 찾아 들어갈 수 있기때문이다. 또 실제로는 그렇지 않은데 무늬만 ESG인 'ESG워싱'을 가려내는 데도 이 분류체계가 유용하게 쓰일 수 있다. ESG 분류 체계 중 녹색경제활동을 판별하기 위한 기준이 되는 그린 택소노미는 이미 어느 정도 윤곽이 나와있는 상태이다. 소셜과 거버넌스 분류체계는 이제 막 EU를 중심으로 초기 논의가 시작됐다.

먼저 그린 택소노미로 불리는 녹색 분류체계는 어떤 경제활동이 환경적으로 지속가능한 것인지에 대해 기준을 제시하고 있는데 EU가 선도적으로 이를 제시했다. EU는 지난 2018년 발표한 '지속가능금융 액션플랜'의 첫 번째 과제로 녹색 분류체계 수립을 제시한 바 있다. EU는 녹색분류체계가 투자자와 기업, 그리고 채권발행자들이 저탄소 경제로 이행하는 길을 갈 수 있도록 돕는 수단이라고 밝히고 있다.[71] EU는 녹색분류체계의 환경 목표로 6가지를 제시하고 있다. 그것은 ▲기후변화 완화 ▲기후변화 적응 ▲수자원과 해양자원의 지속가능한 사용과 보호 ▲순환경제로의 이행 ▲오염 방지와 통제 ▲생물다양성과 생태계의 보호 및 복원이다. 이 중 기후변화 완화는 온실가스 감축처럼 지구온난화를 억제하기 위한 행동을 뜻한다. 또 기후변화 적응은 재난 대응 같이 기후변화의 부정적 영향을 줄이기 위한 행동을 의미한다. 기후변화가 가져올 새로운 기회를 활용하는 것도 여기에 포함된다.

이와 관련해 EU가 녹색경제활동으로 판별하기 위한 '리트머스 시험지'로 제시한 기술적 기준은 세 가지가 있다. 첫째, 6가지 목표 중 하나에 상당한 기여를 해야 한다. 둘째, 한 가지 목표에

---

71 EU TECHNICAL EXPERT GROUP ON SUSTAINABLE FINANCE(2020.3), 'TAXONOMY;Final report of the Technical Expert Group on Sustainable Finance'

상당한 기여를 하더라도 나머지 다섯 가지 목표에 상당한 피해를 주지 않아야 한다. 셋째, OECD 다국적기업 가이드라인, 비즈니스와 인권에 관한 UN의 원칙 등 최소한의 사회안정장치를 준수해야 한다. 이 세 가지 기준에 부합해야 녹색경제활동으로 본다는 것이다.

EU의 녹색분류체계는 그러나 원전과 천연가스에 대한 투자를 일정 조건 아래 친환경 투자로 분류했다. 녹색분류체계는 이미 공시제도에 적용되고 있기도 하다. 더이코노미스트 보도에 따르면, 2022년 말부터 1만 1,000개의 상장 유럽기업은 매출과 투자 중 녹색경제활동이 차지하는 비율을 공시해야 한다. 또 지난 1월부터는 자산운용사들이 '지속가능^{sustainable}'이라는 이름을 붙인 금융상품이 녹색분류체계에 부합하는지를 밝히도록 의무화하는 조치가 시행되고 있다. 아울러 대부분의 유럽 은행들은 오는 2024년부터 녹색분류체계를 적용해 '녹색자산 비율'을 공시해야 한다. 이 같은 조치는 외국 기업과 자산운용사, 은행에도 적용된다. 유럽의 고객사들이 공시를 위해 관련 데이터를 보고해주도록 요구할 수 있기 때문이다.[72]

---

[72] The Economist(2022.1.8.), 'The EU's green-investing "taxonomy" could go global'

우리나라도 최근 녹색분류체계인 K-Taxonomy를 발표했다. 내용은 EU의 제도와 거의 유사하다. 6대 환경목표는 ▲온실가스 감축 ▲기후변화 적응 ▲물의 지속가능한 보전 ▲자원순환 ▲오염 방지 및 관리 ▲ 생물다양성 보전이다. EU 택소노미와 약간의 차이가 있지만 대동소이大同小異하다고 보면 된다. 이같은 목표 아래 녹색경제활동으로 인정받기 위해서는 EU처럼 3가지 원칙을 충족하도록 했다. 그 원칙은 다음과 같다.

① 환경목표에 기여할 것 : 6대 환경목표 중 하나 이상의 환경목표 달성에 기여해야 함.
② 심각한 환경피해가 없을 것 : 환경목표 달성 과정에서 다른 환경목표에 심각한 피해를 주지 않아야 함DNSH; Do No Significant Harm.
③ 최소한의 보호장치 : 인권, 노동, 안전, 반부패, 문화재 파괴 관련 법규를 위반하지 않아야 함.[73]

환경부는 EU와 달리 원자력 발전을 한국형 녹색분류체계에서 제외했다. 하지만 그사이 새로운 정부가 들어서 이 문제에 대해 어떤 결론을 내릴지 귀추가 주목된다. 녹색분류체계와 관련해서는 '녹색'과 '비녹색'이라는 이분법적 접근이 부적절하다는 지

---

[73] 환경부(2021.12), '한국형 녹색분류체계 가이드라인'

적이 제기되고 있다. 친환경 사회로 전화하는 과정에서 불가피하게 생기는 중간영역의 경제활동을 고려하지 않는 한계가 있다는 것이다.[74] 실제로 말레이시아의 경우 친환경 사회로의 전환 노력이 있을 경우 이를 녹색경제활동으로 인정하는 분류체계를 시행하고 있다. 현행 녹색분류체계의 보완이 필요한 대목이다.

지금까지 소개한 녹색분류체계는 어떤 활동이 지구온난화를 억제하기 위한 친환경 경제활동인지를 판별함으로써 해당 분야에 자금이 유입되도록 하기 위한 것이다. 마찬가지로 어떤 활동이 사회적으로 지속가능한 경제활동인지에 대한 기준을 정해 투자자들이 이 같은 활동에 투자할 수 있도록 하면서 '사회적 워싱'을 억제하기 위한 택소노미가 있다. 바로 EU가 발표한 '사회적 분류체계Social Taxonomy'인데 여기에는 EU 조약이 규정한 사회적 지속가능 목표가 그대로 반영돼 있다. EU가 정한 사회적 지속가능 목표는 ▲완전고용과 사회적 진보를 달성 ▲ 사회적 배제 및 차별 대응 ▲사회적 정의와 성평등 증진이다. EU는 이같은 목표를 반영한 사회적 분류체계 초안을 2021년 7월에 발표한 데 이어 최종안을 지난 2월 내놓았다. 유럽위원회는 올해 중 이 최종안을 근거로 사회적 분류체계에 대한 제안을 제시할 예정이며, 이후

---

74 임형석(2021), '지속가능금융 확산이 금융산업에 미치는 영향과 시사점', 금융리스크리뷰

이 제안은 법 제정 절차를 밟기 위해 유럽의회의 검토를 받게 될 예정이다.

EU의 사회적 분류체계는 세 가지의 목표에 초점을 맞추고 있다. 이 목표들은 3개의 이해관계자 집단(근로자, 최종 소비자, 지역사회)과 밀접한 관련을 맺고 있다. 첫 번째 목표는 근로자에게 좋은 일자리를 제공하는 것이다. 두 번째 목표는 최종 소비자에게 적절한 생활 수준과 복지를 보장하는 것이다. 마지막으로 세 번째 목표는 포용적이고 지속가능한 지역사회를 촉진하는 것이다. 이들 목표는 세부적인 하위 목표들로 나뉘어진다. 먼저 좋은 일자리를 제공하기 위한 하위 목표로는 평등과 차별 배제 등이 있다. 또 최종 소비자의 적절한 소비수준과 복지의 하위 목표로는 안전한 제품 및 서비스 제공, 사이버 보안, 개인정보 보호, 양질의 주택 접근성 개선 등이, 그리고 포용적이고 지속가능한 지역사회의 하위 목표로는 평등과 포용적 성장 촉진 등이 포함돼 있다.[75]

EU 사회적 분류체계는 위에서 언급한 목표와 하위 목표를 달성하기 위한 세 가지 방식을 제시하고 있다. 첫째 방식은 근로자, 소비자, 지역사회에 대한 부정적 영향을 피하고 이에 대처하

---

75 CLEARY GOTTLIEB(2022.3.15.), 'A Social and Governance Taxomomy for Europe; Extending the EU ESG Framework to Socially Sustainable Activities and Sustainable Governance'

표21 EU 사회적 분류체계의 목표 및 하위 목표

목표	하위 목표
좋은 일자리	• 좋은 일자리 제공 • 일자리에서 평등과 차별 배제 • 공급망에서 인권과 근로자 권리 존중
최종 소비자의 적절한 생활 수준과 복지	• 보건과 안전한 제품 및 서비스 제공 • 내구적이고 수선 가능한 제품 설계 • 사이버 보안과 개인 정보 및 프라이버시 보호 • 책임 있는 마케팅 관행 참여 • 질 좋은 헬스케어 상품과 서비스 접근 보장 • 건강하고 영양분이 풍부한 식품 접근성 개선 • 양질의 식수 접근성 개선 • 양질의 주택 접근성 개선 • 교육 및 평생학습 접근성 개선
포용적이고 지속가능한 지역사회 및 사회	• 평등과 포용적 성장 촉진 • 지속가능한 생활과 토지권 지원 • 리스크 기반 실사를 통해 지역사회의 인권 존중

자료: CLEARY GOTTLIEB

는 것이다. 두 번째 방식은 사회적 상품과 서비스의 긍정적 효과를 제고하는 것인데 예컨대 일정한 사람들에게 적당한 가격으로 약품을 제공하는 것이 여기에 해당된다. 세 번째 방식은 세 가지 목표와 관련된 활동을 가능하게 하는 것으로 사회적 감사 서비스를 통해 공급망에 대한 부정적 영향을 줄이는 것이 좋은 예이다.[76] 앞에서 얘기한 대로 사회분류체계는 사회적으로 지속가능한 부문에 자금이 원활하게 유입되는 것을 돕기 위한 것인데 최

---

76   Platform on Sustainable Finance(2022.2), 'Final Report on Social Taxonomy'

근 사회적 자금 조달은 증가세를 보이고 있다. 무디스 집계를 보면 사회적 채권 발행액은 2020년의 1,680억 달러에서 2021년에는 1,990억 달러로 19%나 늘어났다. 이런 추세를 감안할 때 국내에서도 사회적 분류체계에 대한 논의가 본격화될 필요가 있어 보인다.

표22 지속가능 지배구조 등 관련 주제

	주제	내용
지속가능 지배구조 목표	반부패 및 반뇌물	• 반부패 및 반뇌물 다짐 공시 의무화 • 반부패 교육과 내부고발 절차
	책임 있는 로비/정치참여	• 책임 있는 방식으로 로비 • 선거기간에 적극적 로비 절제 • 직간접 로비에 대한 정책과 절차 공시
	투명한 납세 계획	이사회의 조세 컴플라이언스 책임 여부 공시
	이사회 다양성	• 이사회에서의 다양성 • 성 및 인종에 근거한 차별 금지
	이사회에서의 근로자 대표성	근로자 대표에게 이사회 참여 기회 부여
ESG 지배구조	이사회 지속가능 역량	이사의 지속가능성 기량 공시
	투명성 및 지속가능성 인센티브	경영진 보수를 ESG 목표에 연계

자료: CLEARY GOTTLIEB

EU의 사회적 분류체계 최종안에서 흥미로운 점은 녹색 및 사회적 분류체계가 지속가능성과 관련된 기업지배구조에 대한 공시 요구를 포함해야 한다는 점을 강조하고 있다는 데 있다. 지배

넥스트 ESG

구조는 결국 환경 및 사회적 영향에 대처하기 위한 내부 조직체계이기 때문이다. EU의 최종안은 지속가능한 지배구조와 관련해 두 가지 핵심 목표를 제시하고 있다. 그 하나는 EU의 녹색 및 사회적 분류체계를 보완해야 한다는 것이고, 다른 하나는 ESG의 기업지배구조와 관련된 요구를 강화해야 한다는 것이다. EU는 첫 번째 목표와 관련해서는 반부패 및 반뇌물, 책임 있는 로비와 정치적 참여, 투명한 납세 계획, 이사회의 다양성, 이사회에서 근로자의 대표성 다섯 가지 주제를 제시했다. 두 번째 목표와 관련해서는 이사회에서의 지속가능성 역량, 투명성과 지속가능 목표에 대한 인센티브가 중요하다고 강조했다.

이해관계자 자본주의
논의의 확산

　달도 차면 기우는 것인가. 1970년에 나온 '프리드먼 독트린' 이후 자본주의를 움직이는 기본 틀이 돼온 주주자본주의가 이제는 개혁의 대상이 되고 있다. 신자유주의가 가져온 양극화 심화, 환경 훼손 등 커다란 부작용에 대한 비판과 회의가 폭넓게 확산되고 있기 때문이다. 주주만을 우선시하는 경영은 시효가 다했다며 고객, 근로자, 협력 업체, 지역사회 등 이해관계자를 존중하는 경영을 강조하는 이해관계자 자본주의가 대안으로 제시되고 있다.

　이같은 변화를 상징하는 대표적 사례가 바로 2019년 8월에 발표된 미국 재계 단체 비즈니스라운드테이블^{BRT}의 '기업의 목적

넥스트 ESG

에 관한 성명'이다. 181명의 CEO가 서명한 이 성명에서 미국 재계는 이해관계자를 고객, 근로자, 거래기업, 지역사회, 주주 등 다섯 개 주체로 구분하고 각각의 이해관계자를 대상으로 아래와 같은 다짐을 했다.

- 고객들에게 가치를 전달하겠다. 고객의 기대에 부합하거나 그 기대를 넘어서는 것을 선도해온 미국 기업의 전통을 발전시켜 나가겠다.
- 근로자들에게 투자하겠다. 근로자들에게 공정하게 급여를 지급하고 중요한 복지를 제공하는 것부터 시작하겠다. 빠르게 변화하는 세상에서 근로자들이 새로운 기술을 개발할 수 있도록 훈련과 교육을 통해 지원할 것이다. 우리는 다양성과 포용성, 존엄과 존경을 강화하겠다.
- 거래기업들을 공정하고 윤리적으로 대우하겠다. 우리가 과제를 수행하도록 돕는 크고 작은 다른 기업들에 좋은 파트너로서 헌신적인 태도를 보이겠다.
- 우리가 사업을 하는 지역사회를 지원하겠다. 지역 주민을 존중하고 기업 전반에 걸쳐 지속 가능한 관행을 포용함으로써 환경을 보호하겠다.
- 기업들이 투자하고, 성장하며, 혁신할 수 있도록 자본을 공급하는 주주들을 위해서는 장기적 가치를 창출하겠다. 우

리는 투명성과 주주들과의 효율적 관계에 전념하겠다.

어찌 보면 당연한, 교과서적인 내용으로 가득 찬 이 성명은 미국 재계가 이해관계자 자본주의의 깃발을 든 것으로 해석됐다. 왜 그럴까. BRT가 그동안 내놓은 입장에서 확연하게 선회한 점이 뚜렷하게 보였기 때문이다. 2012년에 BRT가 발표한 '기업지배구조 원칙'의 주요 내용을 간략하게 살펴보면 이렇다.

둘째, 경영진은 이사회의 감독 아래 주주에게 장기적 가치를 창출할 수 있도록 효과적이고 윤리적 방식으로 기업을 경영해야 할 책무를 지고 있다.

아홉째, 기업은 근로자, 고객, 거래업체 등을 공정하고 공평하게 상대해야 하며, 최상의 수준의 기업 시민으로서 모범이 돼야 한다.

2019년의 성명과 2012년의 '원칙'을 비교해보면, 뚜렷한 차이가 보인다. 2012년에는 주주를 위한 장기적 가치 창출이 앞부분에서 강조됐지만 2019년에 맨 뒤로 밀렸다. 또 2012년에는 근로자, 고객, 그리고 거래업체를 한데 묶어 이들에 대한 공정하고 공평한 대우를 아홉째 원칙으로 제시하는 데 그쳤다. 이해관계자가 우선 순위에서 상당히 밀려있었다. 하지만 2019년 성명에서는 기업의 이해관계자들을 각각 별도로 분리한 다음 고객, 근로자, 거래기업, 지역사회 순으로 이들에 대한 약속을 공표했다. 앞에서 언급한 대로 주주에 대한 다짐은 맨 뒤에 있었다. 주주자본주의에서 이해관계자 자본주의로의 전환을 분명히 한 것이다. 정치권도 아니고 시민단체도 아니고 미국 재계가 왜 먼저 이런 입장을 밝힌 것일까. 양극화 심화 등으로 신자유주의에 대한 대중의 불만이 고조되고 미 정치권에서도 기업을 강력하게 규제하려는 움직임을 보이자 재계가 위기의식을 느끼고 선제적으로 움직였다는 해석이 유력하다.

BRT의 2019년 성명은 이후 다양한 논란을 불러일으키고 있다. 이해관계자 자본주의로 가는 길을 열었다는 평가를 받고 있는가 하면 성명에 참여한 기업들이 별다른 보이지 않아 성명 자체가 '쇼'였다는 박한 평가도 있다. 하버드 로스쿨 연구진이 BRT 성명에 참여한 약 100개 기업을 대상으로 분석한 결과를 보면, 이들 기업은 이 성명에 서명한 이후 자사 지배구조 가이드라인을 업데이트했는데 대다수 기업이 여전히 주주우선주의 원칙을 재확인하고 있는 것으로 나타났다. 특히 26개 기업에는 BRT 성명을 실행할 것을 요구하는 주주 제안이 제기됐는데 이들 기업은 다른 주주들에게 이 주주 제안에 반대하도록 권고했다. 이에 따라 기업들의 행태는 BRT 성명과 일치하지 않으며 오히려 성명이 '홍보용'이었음을 드러내고 있다고 연구진은 결론을 내리고 있다.[77] 하지만 만사가 그렇듯 여론이 비판 일색인 것은 아니다. 저스트 캐피탈은 성명에 참여한 기업과 다른 기업을 비교해본 결과 BRT 성명 서명 기업이 팬데믹 기간 중 지역사회에 대한 자금지원, 고객 지원, 근로자에 대한 유급휴가 제공 등에서 더 적극적인 모습을 보였다고 밝혔다.[78] 이렇게 보면 BRT 소속 기업들의 변화는 계속 지켜봐야 할 일이지만 이해관계자 자본주의로 가는 길은 현재 진행형이라고 볼 수 있을 것 같다. 자본주의라는 '큰 배'의 항로를 바꾸는 일인 만큼 다양한 논란 속에 조금씩 변화가 가시화되지 않을까 점쳐보게 된다.

지난 5월 24일에는 한국 재계에서도 중요한 선언이 나왔다. 대한상의가 주관한 '신기업가정신 선포식'에서 74개 기업은 '기업 선언문'을 내놓았다. 이 선언문에서 이들 기업은 고객, 근로자, 주주, 협력회사, 지역사회 등 이해관계자를 소중히 여김으로써 국민의 신뢰를 얻고 이를 통해 지속가능한 공동체를 만들겠다고 다짐했다. 미국 재계의 '기업의 목적에 대한 성명'과 맥락이 비슷하

---

77 Lucian Bebchuk 등(2022.5.23.), 'Will Corporations Deliver Value to All Stakeholders?', Harvard Law School Forum on Corporate Governance'

78 Just Capital(2020), 'Forthcoming data from America's Most Just Companies'

다. BRT의 성명과 차이가 있는 점은 한국경제의 현실을 반영해 혁신과 성장을 통한 좋은 일자리 창출을 5가지 실천 명제 중 제일 먼저 강조했다는 점이다. 또 장기적 이윤을 높이겠다는 것을 맨 앞에 내세웠는데 단기 경영에서 벗어나겠다는 의지를 밝힌 것이다. 이어 고객, 협력기업, 조직구성원, 지역사회를 위한 다짐이 순서대로 열거됐다. 친환경 경영도 중요하게 언급됐다. 선언문에 담긴 5대 실천 명제는 다음과 같다.

새로운 기업가정신 실천명제

1. 지속적 혁신과 성장으로 좋은 일자리를 창출하고 경제적 가치를 높이겠습니다. 우리는 기업의 장기적 이윤을 높이고 좋은 일자리가 확산될 수 있도록 혁신과 성장에 매진하겠습니다. 또한 기업의 경제적 가치를 높이기 위해 적극적으로 투자해 나가겠습니다.

2. 기업 외부 이해관계자에 대한 신뢰와 존중으로 윤리적 가치를 높이겠습니다. 우리는 고객이 원하는 제품과 서비스를 개발하고 고객의 권익과 정보를 보호하기 위해 힘쓰겠습니다. 또 협력기업과 공정하고 윤리적인 관계를 구축하고 그들의 성장과 발전을 지원하겠습니다.

3. 조직구성원이 보람을 느끼고 발전할 수 있는 기업문화를 조성하겠습니다. 우리는 조직구성원을 존중, 배려하고 역량

계발을 지원하며, 안전하고 건강한 근무환경에서 일할 수 있도록 힘쓰겠습니다.

4. 청정한 미래와 더 좋은 삶을 위해 친환경 경영을 실천하겠습니다. 우리는 친환경 기술개발에 투자하고 오염물질 배출량을 최소화하며 자원의 절약과 재활용 확산에 힘쓰겠습니다. 더불어 자연환경을 지키며 생물다양성과 생태계 보호에 노력하겠습니다.

5. 일과 삶의 터전인 지역사회와 함께 성장하기 위해 노력하겠습니다. 우리는 지역경제 활성화에 기여하고 지역주민의 삶의 질이 향상될 수 있도록 관심을 가지고 지원해 나가겠습니다.

앞으로의 문제는 진정성 있는 실천 여부다. 앞에서 언급한 대로 미국 재계는 BRT 성명 이후 실행이 부진해 성명 자체가 '쇼가 아니었냐'는 비판에 직면하기도 했다. 아쉬운 점은 서명 기업이 74개에 그쳤다는 점이다. 주요 대기업들이 서명 기업 명단에 보이지 않는다. 결국 이해관계자 존중에 대한 공감을 재계 전반에 더 확산시키면서 선언을 실행으로 옮겨 말 그대로 국민의 신뢰를 얻어나가야 할 과제가 한국 재계 앞에 남겨져 있다. 이렇듯 국내외에서 이해관계자 자본주의에 대한 논의가 본격화하고 있는 것은 프리드먼 독트린으로 상징되는 주주자본주의에 대한 반성과 재고에 공감대가 형성되고 있는 데 따른 것이다. 시장경제를 중시하는 시카고학파의 대부인 밀턴 프리드먼은 1970년 9월 13일자 뉴욕 타임스에 게재한 '기업의 목적은 이윤을 늘리는 것'이라는 제목의 칼럼에서 "경영진이 기업주에 의해 고용된 피고용인"이라며 "경영진의 책임은 법률과 윤리적 관습에 포함된 사회의 기본 규칙을 따르는 범위 안에서 가능한 한 많은 돈을 버는 것"이라고 강조했다. 이윤극대화를 기업의 목적으로 규정한 것이다. 프리드먼은 특히 기업이 고용 창출, 차별 해소, 오염 회피 같은 사회적 책임을 심각하게 고려하는 것은 사회주의를 전파하는 것과 같은 것이라고 비판하기도 했다.[79]

하지만 최근 주목할만한 움직임이 나타나고 있다. 시카고학파의 프리드먼 '후예'들이 프리드먼이 기업의 사회적 책임을 부정한 것은 아니라며 사회적 책임의 필요성을 인정하기 시작했다. 이 같은 입장은 시카고대학의 스티글러 센터가 프리드먼 독트린이 나온 지 50주년이 되는 것을 기념해 발간한 논문집에서 공식화됐다.[80] 주주와 이해관계자에 대한 토론을 주요 내용으로 한 이 논문집에서 시카고대학의 루이기 진갈레스Luigi Zingales 교수는 금융위

Miltion Friedman(1970.9.13.),'A Friedman doctrine— The Social Responsibility Of Business Is To Increase Its Profits', The New York Times
80 Stigler Center(2020), 'Milton Friedman 50 Years Later', U. of Chicago Booth School of Business

기 이후 프리드먼의 견해가 점차 인기를 잃고 있다며 이익 극대화가 기업의 목적이며 기업은 어떤 사회적 책임도 없다는 프리드먼의 주장은 완전경쟁시장에서만 유효하다고 지적했다. 진갈레스 교수는 현실적으로 구글과 페이스북 같은 독점기업이 존재하며 이런 경우에는 프리드먼 독트린이 적용되지 않음을 분명히 했다. 그는 거대기업들은 이익 극대화가 아니라 사회 후생social welfare을 극대화해야 한다고 주장했다. 시장지배력을 가진 구글과 페이스북, 정치적 영향력이 있는 블랙록이나 JP모건, 규제에 영향력을 행사는 듀퐁과 몬샌토 같은 거대기업이 주주가치 극대화를 추구하면 이는 사회에 매우 나쁜 일이라는 것이다. 구글이나 블랙록 같은 대마불사大馬不死형 기업들은 사회 전체의 효용效用인 사회 후생을 극대화해야 한다는 게 그의 주장이다.

기업은 이윤 극대화가 아니라 주주 후생shareholder welfare을 극대화해야 한다는 주장도 비슷한 맥락에서 제기되고 있다. 앞에서 소개한 진갈레스 시카고대 교수와 올리버 하트Oliver Hart 하버드대 교수는 공동 논문을 통해 주주 후생 극대화와 이윤 극대화는 동일한 게 아니라며 기업은 주주 후생을 극대화해야 한다고 주장했다. 이들은 주주가 반드시 돈만 신경쓰지는 않으며 윤리적, 사회적 관심사도 가지고 있는 일반인이라는 점을 들었다. 따라서 주주들은 오염이나 지구온난화를 걱정해서 '기름을 잡아먹는 차'

보다 전기차를 살 수 있고, 물이 희소한 자원이기 때문에 집에서 적정량보다 물을 덜 쓸 수 있다. 주주들이 이런 특성을 가진 개인이라는 점을 고려하면 기업은 이같은 주주들의 선호를 만족시켜 주주 후생을 극대화하는 게 맞다는 것이다.[81] 이런 관점에서 볼 때 주주 후생은 주주들의 행복도와 만족감을 포함하는 것이며 이에 따라 경영진이 이해관계자의 이익을 보호하는 것은 주주가 원하는 주주후생 극대화를 하는 것이라는 진단[82]도 가능한 것이다.

이 같은 논의의 흐름을 들여다보다 보면, 결국 기업의 주인이 누구이냐는 주제에 닿게 된다. 프리드먼은 기업의 주인은 주주라고 했고, 이런 인식이 일반적인 게 사실이다. 그런데 다른 의견도 하나의 흐름으로 존재한다. 린 스타우트는 『주주 자본주의의 배신』이라는 제목의 저서에서 주주가치라는 것은 하나의 이데올로기에 불과하다며 "미국의 기업법은 상장기업의 이사들에게 주가나 주주의 부를 극대화할 것을 요구하지 않으며 그랬던 적도 없다"고 말하고 있다. 그는 특히 주주는 기업이 아닌 주식을 소유하는 것이며 기업은 독립적인 법인으로 스스로 존재한다는 입장

---

81 Oliver Hart·Lugi Zingales(2017), 'Companies Should Maximize Shareholder Welfare Not Market Value', Journal of Law, Finance, and Accounting
82 신현탁(2021.10), 'ESG경영과 진화하는 주주중심주의', 동아비즈니스리뷰(DBR)

을 취하고 있다. 주주는 채권자, 협력 업체, 임직원과 다를 것이 없다는 것이다.[83] 신장섭 싱가포르 국립대학교수의 견해도 이와 유사하다. 신 교수는 주주는 주식의 주인일 뿐 기업의 주인이 아니며 기업의 주인은 법인 그 자체라고 주장하고 있다.[84] 린 스타우트와 동일한 입장이다. 신교수는 기업은 적법한 범위에서 자유롭게 가치를 추가한다는 명제를 제시하고 있다. 그는 주주자본주의와 이해관계자 자본주의 모두에 대해 비판적이다. 기업의 주인이 누구인지까지 논의를 진전시킨 것은 이해관계자 자본주의의 논의의 배경에 다양한 이슈들이 있음을 보여주기 위해서이다. 여기에 대해 결론을 내리는 것은 이 책의 목적을 벗어난 것이다.

어쨌든 자본주의를 이해관계자 자본주의로 개혁하자는 논의는 계속해서 진전되고 있다. 대표적인 사례는 세계경제포럼이 딜로이트 등 세계 4대 회계법인과 공동작업을 해 2020년 9월에 내놓은 '이해관계자 자본주의 측정지표SCM:Stakeholder Capitalism Metrics'이다. 이 지표는 기업이 사회와 이해관계자를 위해 지속가능한 장기적 가치를 창출하는 지를 측정하기 위해 개발됐는데 ESG와 유엔의 지속가능 개발목표SDGs를 통합해서 만들어졌다. 모두 21개의 핵심 지표와 34개의 확장 지표로 구성된 SCM은 크게 지배

---

83 린 스타우트(2021.4), '주주 자본주의의 배신', 북돋움coop
84 신장섭(2020.9), '기업이란 무엇인가', 북스코프

표23 SCM의 핵심지표

항목	주제(Theme)	핵심 지표 및 공시
지배구조 원칙	지배구조 목적	기업의 기술된 목적. 기업은 주주를 포함한 모든 이해관계자에게 가치를 창출해야 함.
	지배기구의 질	지배기구의 구성: 최상위 지배기구와 그 위원회의 구성, 경제 환경 사회 이슈와 관련된 능력 등
	이해관계자 참여	어떻게 의제 선정을 하고 이해관계자와 소통하는가.
	윤리적 행동	반부패, 윤리적 조언 보호와 보고 메커니즘
	리스크/기회 감독	기업이 직면하고 있는 중요한 리스크와 기회를 분명하게 인식하고 이를 공시함.
지구	기후변화	이산화탄소 등 온실가스 배출량 보고, 기후 관련 금융공시 태스크포스(TCFD)의 권고를 완전하게 실행.
	자연 훼손	토지 사용과 생태적 민감도: 보유, 임대, 또는 관리 토지의 개수와 면적을 보고
	신선한 물 가용성	물 소비와 물 부족 지역에서의 철수: 철수 지역의 물과 물 소비량을 보고
사람	품위와 평등	•다양성과 포용: 연령별, 성별 근로자 구성 등 •급여 평등성:남녀, 인종 간 급여 비율 등 •임금 수준:지역 최저임금 대비 표준 초임의 비율, 근로자 중위 연봉 대비 CEO 연봉의 비율 •아동 산재 리스크와 강요된 노동:생산활동과 거래기업의 유형, 해당 위험이 있는 국가와 지역
	건강과 복지	건강과 안전: 산재 사망자의 수와 사망률, 주요 산재 유형, 근로자의 의료 및 헬스케어 서비스 접근성 설명
	미래를 위한 스킬	제공되는 훈련: 보고 기간 중 근로자 1인당 훈련 시간, 정규직 근로자 1인당 훈련 및 개발 지출 평균액
번영	고용과 부 창출	•절대적 고용 시간과 고용률:보고 기간 중 신규 채용 근로자 수, 이직자 수 및 비율 등 •경제적 기여:매출, 비용, 임금, 복지, 지역사회 투자 등 발생하고 분배된 직접적/경제적 가치. 정부 금융지원 •재무적 투자 기여:총 투자, 자사주 매입과 배당

번영	상품/서비스 혁신	연구개발비 총액
	지역사회/사회의 활력	납부 세금: 법인세, 재산세, 부가가치세, 판매세, 사업자 부담 근로소득세 등 기업이 부담한 글로벌 세금 총액

구조 원칙, 지구, 사람, 그리고 번영, 이 네 가지를 중심축으로 하고 있다. 지배구조는 ESG의 G, 지구는 E, 사람과 번영은 S와 내용이 비슷하다.

SCM 작성 작업을 주도한 클라우스 슈밥 세계경제포럼 회장은 이해관계자 자본주의의 적극적 주창자이다. 그는 코로나19 이후 더 탄력적이고, 포용적이며, 지속가능한 경제를 함께 건설하자면서 사람과 지구를 위해 일하는 세계 경제가 이해관계자 자본주의의 본질임을 강조하고 있다.[85] 리베카 핸더슨 하버드대 교수도 자본주의를 바로 세우기 위해서는 기업이 돈을 버는 일에만 국한하지 않고 살기 좋은 지구와 건강한 사회라는 맥락에서 번영과 자유를 추구하는 데까지 확장돼야 한다고 말하고 있다.[86]

이해관계자 자본주의는 기업이 주주에만 국한하지 않고 사람(이해관계자)를 돌보며 멀리 내다보는 장기 경영을 하라는 요구이다.

---

85 클라우스 슈밥(2022.4), '자본주의 대예측', 메가스터디BOOKS
86 리베카 핸더슨(2021.3), '자본주의 대전환', 어크로스

이런 방향성을 가지고 경영을 하면 기업에는 어떤 결과가 주어질까? 긍정적 실적을 보이고 있다는 분석이 지배적이다. 먼저, 사회적 성과가 우수한 기업들일수록 자본조달 비용이 낮고, 평판도 우수하며, 직원들의 근무 태만이나 결근이 더 적어 노동생산성이 향상된 것으로 나타났다.[87] 맥킨지는 이해관계자를 중시하는 기업은 장기 경영을 한다는 점을 강조하며 5~7년 앞을 내다보며 장기 경영을 하는 기업은 15년간에 걸쳐 다른 기업보다 매출 증가율이 47% 높게 나타났다고 분석하고 있다.[88]

사실 이해관계자 자본주의는 기업경영의 틀은 물론 국가 경제가 운영되는 구조를 바꾸는 논의이다. 이런 점에서 한국경제가 가야 할 길로 이해관계자 자본주의를 제시하는 의견도 있다. 이근 서울대 교수는 한국경제가 외환 위기를 겪기 전에는 '추격형 동아시아 자본주의' 체제였지만 위기 이후 '추격 정체형 동아시아와 영미식 혼합 자본주의'로 변화했다고 규정하고 있다. 외환 위기 이후 영미식 주주자본주의가 급속히 들어오면서 기업들이 투자보다는 배당을 중시하게 됐고, 그 결과 저성장이 초래됐다는 것이다. 이 교수는 이에 따라 한국경제는 이해관계자 중심 자본주의로 가면서 지속가능한 성장과 안정된 분배와 고용을 목표로

---

87 문정빈 등(2021.12), 'ESG 시대의 사회적 가치와 지속가능경영', 클라우드나인
88 McKinsey & Company(2022.1), 'Putting stakeholder capitalism into practice'

삼아야 한다고 주장하고 있다.[89]

물론 자본주의의 방향타를 전환하는 일은 일사천리로 진행
될 사안은 아닐 것이다. 갈 길이 멀고 다양한 이슈가 존재한다. 오
랜 기간 운영돼온 주주자본주의가 여전히 건재한 상황에서 이
해관계자의 가치를 존중하는 경영을 어떻게 측정하고 어떻게 제
도화해나갈 것인지 등 많은 이슈가 있다. 이해관계자 존중을 이
유로 주주들에게 손실이 끼치는 의사결정을 할 경우 배임 여부
와 같은 법적 이슈도 제기될 수 있다. 하지만 중요한 점은 현재 모
습의 주주자본주의는 개혁 없이 가기에는 신뢰를 상실했다는 점
이다. 양극화 심화, 성장의 한계, 환경 훼손, 행복도 저하 등 이유
로 자본주의의 개혁을 요구하는 목소리가 높아지고 있다. 이해관
계자 자본주의와 ESG 경영이 대안으로 제시되고 있는 토양이다.
이제는 자본주의를 구성하는 핵심 주체들인 투자자, 소비자, 금
융기관, 근로자, 그리고 지역사회 등이 주주가 단독 질주하는 자
본주의에 제동을 걸고, 모두가 참여해 존중받고 그 결실을 함께
나누는 자본주의를 세워줄 것을 요구하고 있다. 이런 토양이 있
기에 이해관계자 자본주의는 시간이 흐르면서 점차적으로 경제
전반에 씨앗을 뿌리고 뿌리를 내려갈 것으로 보인다.

---

89 이근 (2015.10), '한국, 주주자본주의 아닌 이해관계자 자본주의로 가야', 한반도선진화재단

공시公示의 진화,
들쭉날쭉한 ESG 평가등급

현재 상장기업들은 사업내용이나 재무 실적 등을 정기적으로 공시하는 게 의무화돼 있다. 또 주주의 권리, 이사회의 구성 및 운영 현황이 주 내용인 기업지배구조 보고서는 지난 2019년부터 자산 2조 원 이상의 코스피 상장사에 대한 공시가 의무화된 데 이어 2022년부터는 1조 원 이상으로 확대됐으며 2024년부터는 5천억 원 이상, 그리고 2026년부터는 모든 코스피 상장사에 적용된다. ESG 활동 내용을 담은 지속가능보고서는 기존 재무제표와 별도로 공시가 자율적으로 이뤄지고 있다. 하지만 ESG가 기업경영의 본류로 자리를 잡아가고 ESG 경영 정보의 중요성이 높아짐에 따라 오는 2025년부터는 자산규모 2조 원 이상의 코스피 상장사에 대해 지속가능보고서 공시가 의무화된다. 이 조치는

2030년부터는 전체 코스피 상장사로 확대 적용될 예정이다. 현재 이 일정을 앞당겨야 한다는 논의도 제기되고 있다.

하지만 ESG 경영 관련 정보는 매우 혼란스러운 상태에 있다는 문제점을 안고 있다. 일관성, 비교가능성, 투명성 등이 결여돼 있다는 지적이다. 이에 따라 2021년 11월 영국 글래스고에서 열린 제26차 유엔기후협약 당사국총회COP26는 ESG 공시 기준을 표준화 작업을 맡을 국제지속가능성기준위원회ISSB를 출범시켰다. 지난 3월 ISSB는 지속가능성 공시를 위한 최초의 기준서인 일반 지속가능성 공시와 기후관련 공시 프로토타입을 내놓았다.[90] 일반 지속가능성 공시는 투자자에게 유용한 지속가능성 관련 위험과 기회를 공시하도록 요구하고 있는데 지배구조와 전략, 위험 관리 등을 재무 보고의 일부로 공시하며 보고 주기도 재무 보고와 동일하게 운용한다는 내용을 담고 있다. 특히 기업의 종속기업에 대한 지속가능성 관련 정보도 공시하도록 돼 있는 등 공시 범위가 매우 넓어 기업 부담이 커질 가능성이 있다는 평가를 받고 있다.[91] 주요 내용을 정리하면 〈표24〉와 같다.[92]

---

90 기후관련 공시는 앞에서 상세하게 다룬 관계로 여기에서는 주로 일반 지속가능성 공시에 대해 설명한다.
91 이병윤(2022.5), 'ISSB의 ESG 공시기준 초안 발표와 대응방안', 금융연구원
92 이인형(2021.11), 'IFRS의 지속가능공시기준 내용과 시사점', 자본시장연구원

표24 ISSB의 일반 지속가능성 공시 프로토타입의 주요 내용

항목		주요 내용
목적과 범위		이해관계자에게 지속가능 관련 위험과 기회 요인에 대한 중요한 정보 제공(단기, 중기, 장기의 현금흐름 등)
개념 요소	중요성과 범주	중요한 정보: 기업이 사회와 환경에 미치는 영향이 미래 현금흐름에 영향을 미칠 수 있다고 합리적으로 예상할 수 있는 경우 등
	연계성	지속가능 재무정보, 일반 재무제표와 연계
기준 체계	지배구조	지속가능 위험/기회요소를 감지, 관리하기 위한 지배구조 상의 절차와 과정, 제어기능에 대한 설명
	전략	지속가능 재무위험/기회 요인을 전사적 전략 수립과 실행에 어떻게 반영하는지에 대한 정보. 단기, 중기, 장기에 걸쳐 사업모형, 전략, 현금흐름에 영향을 줄 수 있는 위험/기회 요인에 대한 기술
	위험관리	지속가능 관련 위험을 인지/평가/관리를 통해 줄이는 정책
	척도와 목표	위험/기회 요인에 대한 달성 목표 설정과 달성 여부를 측정할 수 있는 주요 지표 설정
	보고 주기	기존 재무제표와 동일하게 12개월 주기
	공시 채널	기존 재무정보 공시가 이뤄지는 채널 공유

자료: 자본시장연구원 자료 요약 정리

이같이 ISSB가 마련하고 있는 일반 지속가능성 공시와 기후 관련 공시 기준은 확정될 경우 국제적으로 도입이 빨라질 것으로 예상되고 있다. 이 사안 자체가 COP26에서 합의돼 G20는 물론 국제증권감독기구와 금융안정위원회 등의 지지를 받고 있기 때문이다. 이에 따라 기존 재무 공시와 통합 운영될 것으로 예상되는 ESG 공시 도입에 대한 체계적 대비가 필요한 상황이다. 특히 2025년부터 지속가능보고서 공시를 의무화하기로 한 기존 일

정도 ISSB의 공시 최종안 발표와 이후 각국의 움직임을 반영해 큰 폭의 개편이 불가피할 것으로 보인다.

이와 관련, 한국지속가능성기준위원회^{KSSB}도 ISSB가 공개한 초안을 바탕으로 이를 도입하는 방안을 마련하고 있다. KPMG 가 정리한 국내 논의 내용을 보면, 기본 방향은 ISSB 기준을 국내 지속가능성 공시 기준의 기준선으로 채택한다는 것이다. 적용 대상은 일차적으로 상장법인과 금융회사로 하되 일정 기간 유예 후 자산규모 2조 원 이상의 상장법인, 코스피, 코스닥 순으로 단계적으로 도입하고, 공시 위치는 기존 사업보고서에 반영하는 방안이 유력하게 논의되고 있다.[93]

ISSB가 작업 중인 지속가능성 공시 기준과 함께 관심을 가져야 할 것은 유럽연합(EU)이 2021년 4월에 기존 비재무정보공개지침^{NFRD}를 개정해 내놓은 기업지속가능성 보고지침^{CSRD:Corporate Sustainability Reporting Directive}이다. CSRD가 나오게 된 배경은 NFRD 에 따라 제공되는 정보가 신뢰성과 비교가능성, 연관성 등이 부족하다는 비판의 목소리가 컸던 데 있다. ESG 관련 정보가 갖는 고질적인 문제를 해소하기 위해 EU가 나선 것이다. 현재 CSRD

---

93 삼정 KPMG ACI(2022), '국제회계기준(IFRS) 지속가능성 공시기준 공개 초안의 주요 내용과 국내 향후 이슈 및 감사(위원회)의 감독 방향'

넥스트 ESG

는 세부적인 공시요건이 나와 있지는 않다. 하지만 기존 'EU 역내 임직원 500인 이상'이라는 요건이 삭제됨에 따라 적용이 상장 및 비상장 대기업 전체, 상장 중소기업, 상장 비非EU 법인, 비EU 법인의 EU 자회사로 대폭 확대돼 대상 기업만 4만 9,000여 개에 이르고 있다. CSRD는 또 지속가능성 목표 달성을 위한 계획과 이사회 역할과 다양성 등을 보고하도록 하고 있다.[94]

특히 주목할 점은 CSRD가 '이중 중대성double materiality' 원칙을 적용하고 있다는 것이다. TCFD기후변화 관련 재무정보 공개협의체 등은 기후변화 등 지속가능성 이슈가 기업에 중대한 영향을 미칠 경우 이를 공시할 것을 규정하고 있는데 이게 '중대성' 원칙이다. '이중 중대성'은 지속가능성 문제가 기업에 미치는 중대한 영향뿐만 아니라 기업이 환경과 지속가능성에 미치는 중대한 영향을 공시하도록 요구하는 것을 말한다. 삼일회계법인은 이중 중대성 원칙에 따라 기업은 다음 두 가지 질문에 필요한 정보를 제공해야 함을 지적하고 있다. 1) 환경, 사회 및 직원, 인권 존중, 반부패 및 뇌물, 지배구조 등 지속가능성 안건에 대해 기업은 어떤 영향을 주는가? 2) 지속가능성 과제가 기업의 비즈니스 개발, 성과 및 시장 포지션에 어떠한 영향을 주는가?[95] CSRD는 최근 유럽의

---

94 오태현(2021.5.25.), 'EU 지속가능금융 입법안의 주요 내용과 전망', 대외경제정책연구원
95 삼일회계법인, '유럽 ESG 공시 및 인증 규제에 대한 대응 준비'

회와 EU 이사회가 합의함에 따라 2024년부터 적용될 예정이다. CSRD는 비EU 기업에도 적용될 예정이라는 점에서 국내 기업의 대응이 필요하다. 이와 함께 EU가 ESG 관련 각종 제도를 선도하면서 국제 표준을 이끌고 있다는 점에서 이를 잘 모니터링하고 대응 방안을 마련해야 할 것이다.

ESG 공시에 이어 등급 평가 문제를 다뤄보려고 한다. 현재 세계적으로 ESG 평가를 하고 있는 기관은 200개 이상에 이르고 있다. 대표적인 해외 기관으로는 MSCI, 무디스, S&P 글로벌, 서스테이널리틱스, 블룸버그, 레피니티브, 세계 최대 의결권 자문사인 ISS 등이 있다. 국내에는 한국기업지배구조원과 서스틴베스트가 있다. 이들 기관은 기업의 ESG 등급을 매기기 위해 나름의 방법론을 쓰고 있으며, 폭넓은 영역에서 자료를 수집하고 있다. 기업이 제출하는 자료와 인터뷰, 공시자료는 물론 미디어 보도와 내부 리서치 자료 등을 활용하고 있다. 유럽위원회의 조사 결과를 보면 기업들은 ESG 평가기관의 자료 요청 등에 대응하는 데 연간 평균 155일을 쓰고 있는 것으로 나타났다.[96] 기업이 등급을 잘 받기 위해 얼마나 많은 투자를 하고 있는지를 보여주는 수치이다. 이들 평가기관이 등급을 내기 위해 평가하는 ESG 관련 항

---

96   Joel Makower(2022.5.16.), 'Are ESG ratings really necessary?', Greenbiz

목은 기관별로 다르지만 이를 종합한 현황은 다음과 같다.[97]

표25 ESG 등급 평가 대상 항목

	개별 항목
E	온실가스 배출량, 공기 오염, 물 사용, 폐수, 탄소 발자국, 화석연료 사용 중지 정책, 토양 오염, 파리기후협정 목표 준수, 에너지 소비 및 집약도, 재생에너지 사용, 위험 폐기물, 삼림 벌채, 제품 재사용 및 재활용, 생물다양성, 자연자본 감소에 대한 의존도, 극단적 기후에 대한 민감도
S	인권, 공급망에서의 아동노동 및 강제노동, 다양성 및 포용성, 평등성, 공평한 보상, 차별, 개인정보 보안, 제품 안전, 근로자 안전 및 복지, 사이어보안 리스크, 지역사회와 관계, 인적 자본 개발, 유급 가족휴가, 동물 복지
G	법규 준수, 이사회 다양성, 경영진 보수, ESG 이슈에 대한 이사회 관여 및 감독, 기업 윤리, 이해상충, 투명성 및 책임성, 행위규준, 부패 및 뇌물, 세무 보고 및 정책 관여

자료: Greenbiz

ESG 평가기관들은 각각의 등급 체계를 운용하고 있다. MSCI 의 경우 AAA에서 CCC까지 7개 등급을 매기고 있다. 한국기업 지배구조원과 서스틴베스트도 각각 7개 등급을 부여하고 있다. 한국 기업들은 ESG 경영에서 어떤 평가를 받고 있을까? 다우존 스 지속가능경영지수(2020년 기준)를 보면 한국 기업 평균은 69.8점 으로 글로벌 기업 평균(77.1점)보다 낮은 것으로 나타났다. 특히 경 제와 사회 부문에 비해 상대적으로 환경 부문의 점수 차이가 큰 편이다.[98] 국내 기업이 ESG 경영에서 개선할 여지가 적지 않음을

---

97 Joel Makower(2022.5.11.), 'How ESG ratings are built', Greenbiz
98 김경훈(2021.8), '글로벌 ESG 평가기관의 기준 및 특징', 대한상의 ESG 뉴스레터

말해주고 있다.

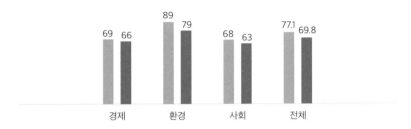

그림6 **2020년 ESG 평가 결과**

경제: 69 / 66
환경: 89 / 79
사회: 68 / 63
전체: 77.1 / 69.8

■ DJSI World ■ DJSI Korea
자료: 산업통상자원부, 한국생산성본부

표26 **기관별 등급 격차 3단계 이상 기업 현황**

기업명	조정등급*			등급격차			등급 격차 평균
	MSCI (7단계 등급)	Refinitiv (100점 만점)	KCGS (7단계 등급)	M-R**	M-K**	R-K**	
현대제철	CCC	AA(77)	BBB(B+)	5단계	3단계	2단계	2.2 단계
기아자동차	CCC	A(62)	A(A)	4단계	4단계	0	
현대자동차	B	AA(74)	A(A)	4단계	3단계	1단계	
삼성중공업	CCC	A(64)	BBB(B+)	4단계	3단계	1단계	
한국전력공사(주)	BB	AA(73)	A(A)	3단계	2단계	1단계	

넥스트 ESG

현대글로비스(주)	BB	AA(77)	A(A)	3단계	2단계	1단계
현대건설(주)	BB	AA(81)	A(A)	3단계	2단계	1단계
두산중공업(주)	BB	AA(74)	A(A)	3단계	2단계	1단계
에쓰-오일(주)	BB	AA(82)	AA(A+)	3단계	3단계	0
현대모비스(주)	B	BBB(51)	A(A)	2단계	3단계	1단계
롯데쇼핑(주)	B	BBB(49)	A(A)	2단계	3단계	1단계
이마트	B	BB(36)	A(A)	1단계	3단계	2단계
금호석유화학(주)	B	B(27)	A(A)	0	3단계	3단계
비지에프리테일	BB	CCC(12)	A(A)	2단계	2단계	4단계
에스원	BB	CCC(9)	BBB(B+)	2단계	1단계	3단계
씨제이대한통운(주)	BB	B(20)	A(A)	1단계	2단계	3단계
호텔신라	BB	B(21)	A(A)	1단계	2단계	3단계
한국항공우주산업(주)	BB	B(22)	A(A)	1단계	2단계	3단계
오뚜기	B	CCC(8)	BBB(B+)	1단계	2단계	3단계
삼성전자(주)	A	AAA(91)	BBB(B+)	2단계	1단계	3단계
엘지전자(주)	A	AAA(90)	BBB(B+)	2단계	1단계	3단계

2.2단계

주)등급체계: (MSCI) AAA, AA, A, BBB, BB, B, CCC, (KCGS) S, A+, A, B+, B, C, D
  (Refinitiv) 100점 만점 점수체계를 14점 간격으로 7단계 등급으로 환산
  약자는 M(MSCI), R(Refinitiv), K(KCGS)로 각 기관 평가등급 간 차이 의미
자료: 전경련

3장 ESG의 주요 이슈들

그런데 ESG 평가는 기관마다 들쭉날쭉한 문제를 안고 있다. A라는 평가기관에서 높은 등급을 받은 기업이 B라는 기관에서는 부진한 등급을 받는 사례들이 적지 않게 나오고 있다. 기관별로 등급이 유사한 신용평가에 비해 신뢰도가 떨어진다는 지적을 받고 있는 이유이다. 전경련이 55개 기업을 대상으로 MSCI, 레피니티브, 기업지배구조원KCGS 등 3개 평가기관의 ESG 등급을 확인한 결과 기관별 평균 등급 격차는 1.4 단계였으며, 3단계 이상 차이가 나는 기업이 22개로 40%를 차지했다. 조사 대상 10개 기업 중 4개 기업의 평가가 크게 엇갈리고 있다는 얘기다. 예컨대 현대제철은 레피니티브에서는 상위 등급인 AA를 받았지만 MSCI에서는 하위 등급인 CCC에 그쳤다. 현대자동차도 레피니티브에서는 AA, 기업지배구조원에서는 A 등급을 부여받았지만, MSCI의 등급은 B였다.[99]

이처럼 ESG 등급이 천차만별인 것은 해외 기업의 경우도 마찬가지다. 페이스북이 대표적 사례다. 페이스북은 서스테이널리틱스가 평가한 환경 영역에서 백분위[100] 기준 1분위로 최하위권에 그쳤지만, MSCI에서는 대조적으로 96분위로 상위권에 올랐

99 송재형·임지은(2021.4), '국내외 ESG 평가 동향 및 시사점', 전경련
100 백분위는 가장 낮은 점수에서 가장 높은 점수순으로 나열했을 때 해당 점수보다 낮은 점수를 받은 사례가 전체에서 차지하는 비율을 말한다.

넥스트 ESG

다.[101] 웰즈 파고는 ESG 등급이 MSCI 평가에서는 하위권인 12 분위였지만, FTSE 평가에서는 최상위권인 94분위를 받았다. 차이가 나도 너무 심하게 나는 것이다. 그 결과, 평가기관이 매긴 각 기업의 ESG 등급의 상관관계는 신용등급에 비해 크게 낮은 수준에 머물고 있다. 먼저 해외 평가기관인 MSCI, 서스테이널리틱스, FTSE의 등급 상관관계(어드바이스 퍼스펙티브스에서 엘로이 딤슨 캠브리지 교수 등의 연구 결과 인용)를 보면, ESG 등급은 0.30~0.59, E는 0.11~0.42, S는 0.18~0.43의 낮은 수준에 그치고 있다. 특히 G는 마이너스의 상관관계까지 보이고 있다.[102]

그림7 해외기관 평가 ESG 등급의 상관관계

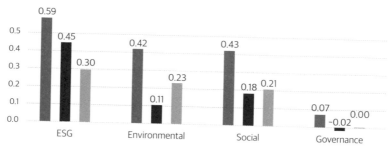

■ FTSE: Sustainalytices ■ MSCI: Sustainalytices ■ MSCI: FTSE
출처: ADVISORY PERSPECTIVES

101 Olivia McCall(2021.7.23.), 'How Ratings Discrepancies Undermine ESG', Born2Invest
102 Larry Swedroe(2021.6.20.), 'Do Wide Divergencies in ESG Ratings Doom Investors', ADVISRO PERSPECTIVES'

기관별 ESG 등급 간의 낮은 상관관계는 국내에서도 동일하게 나타나고 있다. 자본시장연구원은 국내 2개 평가기관인 한국기업지배구조원과 서스틴베스트가 부여한 상장기업의 2020년 ESG 평가등급 상관관계가 0.61이라고 분석했다.[103] 국내외를 통틀어 ESG 등급의 상관관계는 신용등급간 상관관계 평균 0.99에 크게 못미치고 있다. 이는 신용등급은 어느 기관에서 받아도 유사한 수준으로 나오는 반면에 ESG 등급은 제각각임을 말해주는 것이다. 그만큼 신뢰도에 문제가 있다는 지적을 받고 있다.

ESG 등급이 기관별로 커다란 차이를 보이고 있는 이유는 무엇일까? 여러 가지 이유가 있다. 먼저 기관별로 분석 자료가 다르다. 측정 지표가 다양하고 불일치하다보니 등급이 크게 차이가 나는 것이다. 비교를 위한 벤치마크가 다른 점도 등급 차이를 가져오는 요인이다. 예컨대 서스테이널리틱스는 시장지표를 비교 대상 벤치마크로 쓰는 반면 S&P에서는 동종 산업 내 경쟁사가 벤치마크이다. 세 번째 요인은 기관별로 E, S, G에 부여하는 가중치가 다른 점이다. 〈그림8〉에서는 평가기관별로 항목별 가중치가 얼마나 다른 지를 보여주고 있다. 자동차 부품업의 경우 서스테이널리틱스 가중치는 E 30%, S 25%, G 45%인 데 비해 MSCI 가

---

103 남길남(2021.9), 'ESG 평가 격차와 지배구조 평가 이슈', 자본시장연구원

넥스트 ESG

중치는 E 23%, S 56%, G 22%로 무엇보다 S 가중치가 다른 점이
두드러지고 있다. 보험업은 두 기관 간 가중치가 매우 다르게 나
타나고 있는데 특히 S 가중치가 MSCI는 74%인 반면에 서스테이
널리스틱스는 절반 수준인 38%에 그치고 있다.

그림8 **ESG 평가기관별 산업 가중치**

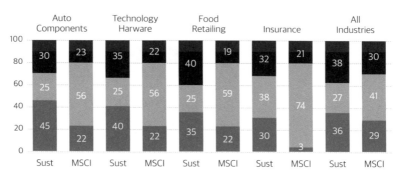

■ Environmental ■ Social ■ Covernance
출처: ADVISORY PERSPECTIVES

　　지금까지 얘기한 요인들로 인해 기관별로 들쭉날쭉한 ESG 평
가등급은 시장에 혼선을 초래하고 있다. 한 기업이 등급이 한 곳
에서는 최상위 등급인데 다른 곳에서는 최하위이라면 어떤 등급
을 기준으로 삼아야 할지 투자자들은 혼동할 수밖에 없는 상황
이다. 또 기업들도 어떤 평가기관의 등급에 장단을 맞춰야 할지
ESG 경영의 방향을 정하는 데 어려움을 겪을 수 있다. 이 문제
는 앞으로 공시 지표가 표준화되면서 평가 방법의 투명성이 제

고되면 일부 해소될 수 있을 것이다. 하지만 ESG 등급이 신용등급과 본질적으로 다른 점에 주목할 필요가 있다. 신용등급은 자금 차입 기업의 상환 능력과 부도 가능성을 보는 만큼 평가대상 지표들이 동질적이고 측정 가능한 정량지표가 주종을 이루고 있다. 이에 비해 ESG 지표는 환경, 사회, 지배구조 상 세부 지표를 보면 잘 알 수 있듯이 지표 자체가 광범위하고 이질적인데다 정성적으로 판단해야 할 항목도 적지 않다. 이런 점에 비춰 볼 때 ESG 등급이 신용등급처럼 높은 상관관계를 보이는 데는 구조적인 한계가 있다고 할 수 있다. 지표 자체와 평가 방법론 등의 다양성을 고려할 때 동일한 기업인데도 기관별로 다양한 등급이 나오는 것은 어찌 보면 불가피하고 자연스런 일이라고도 할 수 있다. 따라서 기업 입장에서는 많은 기관에서 좋은 등급을 동시에 받는 것이 현실적으로 어려운 일인 만큼 중장기적인 ESG 경영 목표를 중시하는 평가기관에 초점을 맞춰 선택과 집중을 하는 것은 현실적인 방법일 수 있다. 투자자 입장에서도 중시하는 가치에 대한 가중치 등이 높은 평가기관에서 나온 등급을 중시하는 투자 전략을 활용할 수 도 있을 것이다.

정부도 할 일이 있다. ESG 관련 투자가 크게 늘어나고 있는 추세를 감안할 때 투자 결정에 중요한 영향을 미치는 ESG 등급 결정에 대한 감독과 적절한 규제가 도입될 필요가 있다. 현재 영국에서는 이러한 움직임이 구체화하고 있다. 영국 재무부는 ESG 평가에 그린워싱과 이해상충, 평가 방법에 대한 투명성 부족 등의 이슈가 있는 만큼 무디스와 MSCI, 모닝스타 등 주요 평가기관에 대한 감독을 강화하는 방안을 검토하고 있다.[104] 이 같은 움직임은 영국에만 국한된 것은 아니다. 세계 증권 및 선물시장을 규제하는 기구 연합체인 국제증권관리위원회IOSCO는 지난해에 ESG 관련 데이터에 대한 투자자들의 요구가 커지고 있는 만큼 각국 감독당국은 ESG 평가기관을 규제하는 방안을 검토해야 한다고 촉구한 바 있다.

---

104 Huw Jones(2022.5.9.), 'Bratain to decide this year whether to regulate ESG raters', REUTERS

04
—

중장기 기업가치 제고의 길

인내심을 가져야 한다.

도중에 뒷걸음을 할 수도 있지만

처음에 정한 길을 걸어가라.

청사진이 있다고 장기적 비전을 향해

직선으로 가려고 하지 마라.

규모가 큰 변혁을 이루려고 할 때는

불가능한 일이다.

의미가 있는 큰 걸음을 내딛으며

올바른 방향을 봐야한다.

- 오스테드

기업의 가치는
어떻게 제고되는가?

    ESG는 기업의 경영 및 생산활동 전반에 환경, 사회, 지배구조의 가치를 반영함으로써 기업의 중장기 가치를 제고하는 데 그 목적이 있다. 여기에서 중요한 점은 '중장기 기업 가치의 제고'라는 점이다. 단기적으로는 기업에 부담이 될 수도 있지만 길게 보고 ESG 경영을 잘해나가면 기업 가치 상승이라는 긍정적 결과가 주어진다는 얘기다. 예컨대 탄소 배출 감축의 경우를 보자. 탄소 배출을 줄이기 위해 연구개발이나 신규 저탄소 시설에 대규모 투자를 하다 보면 단기적으로는 이익이 줄어들 수도 있을 것이다. 하지만 이 같은 투자를 통해 그린 기업으로 거듭나게 되면 시장에서 좋은 평가를 받게 돼 새로운 성장 동력을 확보하고 자본조달 금리도 낮아지고 인재가 몰리는 등 긍정적 효과를 누릴 수 있게 될 것이다.

실제로 기업 가치는 수익성과 존속기간, 그리고 미래의 가치를 현재가치로 환산하는 할인율에 의해 좌우된다. 수익성이 높을수록, 기업의 존속기간이 길수록, 할인율이 낮을수록 기업 가치는 커진다. 그런데 ESG 경영을 잘하는 기업은 중장기적으로 수익성이 올라가고, 지속가능성이 커질 수 있다. 또 관련 리스크가 낮아지기 때문에 할인율도 낮아져 기업가치가 상승하게 되는 것이다.

실제로 ESG 경영이 가져오는 선순환의 효과를 보여주는 분석이 적지 않다. 대표적인 분석은 ESG가 가치를 창출하는 다섯가지 방법을 제시한 맥킨지의 보고서이다.[105] 이 보고서에 따르면 ESG는 먼저 기업이 새로운 시장에 진입하고 기존 시장을 확장하는 데 도움을 준다. 예컨대, 정부가 기업을 신뢰하게 되면 기업에 새로운 성장 기회를 줄 수 있는 시장 접근을 허용하거나 사업 승인 등을 할 수 있다. 미국 캘리포니아주의 롱비치시는 대규모 인프라 공사를 발주할 때 과거 지속가능경영 성과를 기준으로 공사 기업을 선정했다. ESG는 제품에 대한 소비자 수요를 증가시

---

105 McKinsey Quarterly(2019.11), 'Five Ways that ESG creates value', McKinsey & Company

킬 수도 있다. 조사 결과, 자동차와 전자제품 등을 구매한 소비자들은 품질에 차이가 없으면 녹색 제품에 5%를 더 지불할 수 있다는 의사를 표명했다. 유니레버의 경우 물을 훨씬 덜 쓰는 식기 세제인 선라이트Sunlight를 시판했는데 소비자들의 호평을 받으면서 선라이트는 물론 다른 제품까지 덩달아 매출이 늘어나는 효과를 톡톡히 누렸다.

또 ESG는 비용을 크게 낮출 수도 있다. 3M은 제품 재설정, 제조공정 개선, 설비 재설계, 그리고 폐기물의 재활용 등을 통해 오염을 줄임으로써 22억 달러의 비용을 절감했다. 페덱스는 3만 5,000대의 수송 차량을 전기차 또는 하이브리드차로 전환하는 계획을 추진했는데 20%의 차량을 교체한 결과 연료 소비를 19억 리터 가까이 줄인 것으로 나타났다. 규제와 법적 개입의 가능성이 줄어드는 것도 ESG가 가져다주는 효과이다. 오히려 정부로부터 지원을 받을 수도 있다. 맥킨지의 분석 결과 미국 기업의 순익 중 규제 리스크가 있는 순익의 비율은 3분의 1에 이른다. 정부 규제가 상대적으로 강한 은행과 자동차, 항공 등 업종은 이 비율이 50~60%에 이르며 다음으로 수송(40~55%), 통신 및 미디어(40~50%), 에너지 및 소재(35~45%), 소비재(25~30%), 제약 및 헬스케어(25~30%)의 순이다. 순익에 대한 정부 규제의 영향이 이처럼 큰 만큼 ESG 평가가 좋으면 규제에 따른 순익 변동 리스크를 크게 낮출 수 있는 것이다.

ESG는 생산성 향상을 가져올 수 있다. 실력 있는 인재를 확보하고, 기업의 목적에 대한 공감대 형성을 통해 동기부여를 함으로써 생산성을 제고할 수 있다. 런던 비즈니스스쿨의 알렉스 에드먼스는 포춘지가 선정한 '일하기 좋은 100대 기업'을 대상으로 25년간에 걸쳐 조사한 결과 이들 기업의 주가수익률이 다른 기업보다 2.3~3.8% 높은 것으로 나타났다고 밝혔다. 이밖에 ESG는 자본을 더 유망하고 지속가능한 기회에 배분함으로써 투자 수익률을 높이는 효과를 가져올 수 있다.

MSCI는 2007년 1월부터 2017년 5월까지 MSCI World Index에 포함된 1,600개 이상의 종목을 대상으로 현금흐름 등 세 가지 측면에서 ESG가 기업 가치 평가에 미치는 영향을 분석했다.[106] 결과는 긍정적이었다. 먼저 ESG 등급이 가장 높은 기업은 등급이 바닥권인 기업에 비해 더 수익성이 높았고, 이에 따라 더 많은 배당금을 지급한 것으로 나타났다. 또 ESG 등급이 높을수록 기업 특유의 리스크로 인한 사건 발생 빈도도 등급이 취약한 기업보다 낮았다. 이와 함께 ESG 고高등급 기업은 자본비용이 낮아

---

106 MSCI(2019.7), 'Foundations of ESG Investing; How ESG Affects Equity Valuation, Risk, and Performance, the journal of PORTFOLIO management

기업 가치가 높게 평가됐다.

    캐나다의 금융정보회사인 코퍼릿 나잇츠^{Corporate Knights}의 분석은 ESG 경영이 성과에 가져오는 영향은 물론 경영 행위의 차별성을 잘 보여주고 있다.[107] 이 분석 결과를 보면, 2021년 중 글로벌 100대 지속가능 기업의 주가수익률은 MSCI ACWI^{All Country World Index}를 22% 웃돌았으며, 2005년 2월 이래 투자수익률도 331%로 ACWI의 279%를 크게 상회했다. 이들 기업의 주가수익률이 이같이 높게 나타난 것은 적극적으로 ESG 경영을 한 데 따른 것이라고 이 회사는 분석하고 있다. 실제로 글로벌 100대 기업은 자본지출과 연구개발, 인수합병의 48%를 친환경 투자에 집중한 반면 ACWI 기업의 이 비율은 34%에 그쳤다. 근로자 평균 급여 대비 CEO 보수의 비율도 ACWI기업은 140배에 달한 반면 글로벌 100대 기업은 111배로 이보다 낮았다. 경영진 보수를 지속가능 목표치에 연계한 기업 비중의 경우 글로벌 100대 기업은 87%로 10개 기업 중 9개가 여기에 해당된 반면 ACWI기업은 34%에 그쳐 큰 차이를 보여주었다.

    지금까지 언급한 분석에 비해 ESG 경영의 효과에 대한 긍정

---

[107] Corporate Knights(2022 겨울), 'Global 100 companies prove sustainability is good for business'

적 평가의 정도는 상대적으로 약하지만 그래도 여전히 그 효과를 부정하지 않는 연구가 있다. 이 연구는 ESG와 재무적 성과 간의 관계를 다룬 연구 중 가장 많이 인용되는 분석 중 하나이다. 군나 프리데 등 3명의 연구진은 기존 2,200여개 연구를 종합 분석한 결과, 약 90%의 연구가 ESG와 재무적 성과 간의 상관관계가 음(-)이 아님을 보여줬다고 언급했다. 상관 관계가 부정적이지는 않다는 얘기다. 이들은 특히 절반이 넘는 지배적 연구가 ESG가 재무적 성과와 긍정적 상관관계를 나타냄을 보여줬으며, 이 관계는 상당 기간에 걸쳐 안정적으로 유지됐다고 진단했다.[108]

하지만 ESG가 기업 성과에 미치는 긍정적 영향을 인정하지 않는 연구 결과도 있다. 국제통화기금IMF은 기업의 ESG 점수와 주가 수준을 나타내는 지료인 PBR(주당순자산비율:주가를 주당순자산가치로 나눈 값) 간의 상관관계가 매우 희박한 것으로 나타나고 있다고 분석했다.[109] 국내 기업을 대상으로 한 산업연구원의 최근 연구도 비슷한 맥락의 결과를 보여주고 있다.[110] 산업연구원은 ESG와 구성 요소인 E, S, G의 등급과 기업의 자산수익률의 상관관계가 통계적으로 유의하지 않다고 진단하고 있다. ESG 경영역량 상승

---

108 Gunnar Friede 등(2015.11), 'ESG and financial performance; aggregated evidence from more than 2000 empirical studies', Journal of Sustainable Finance & Investment'
109 이시연(2021), '국내외 ESG 투자 현황 및 건전한 투자 생태계 조성을 위한 시사점', 금융연구원
110 김용·조재한(2022), '기업 ESG 경영 확대에 대한 산업정책적 접근', 산업연구원

으로 인해 기업이 수익성이 개선되는 효과는 실증적으로 관찰할 수 없었다는 얘기다. 이는 ESG 등급의 상승에 따라 자산수익률이 동반 상승하는 의복과 의복 액세서리 제조업 같은 산업이 있는 반면 오히려 수익률이 하락하는 종합건설업 같은 산업이 혼재하고 있는 데 따른 것이다. 하지만 ESG 등급이 기업의 이자 비용에 미치는 영향은 긍정적으로 나타났다. 산업연구원은 ESG와 E, S의 등급이 전년도에 비해 한 단계 상승할 때 이자비용은 각각 0.13%포인트, 0.086%포인트, 0.063%포인트 각각 하락하는 것으로 분석됐다고 밝혔다. 이같은 결과는 ESG 경영역량이 신용등급에 영향을 미침으로써 결국 자금조달 비용을 결정하는 중요한 변수임을 시사하는 것이다.

종합하면 ESG가 기업 성과에 미치는 영향에 대한 분석 결과는 엇갈리는 모습을 보이고 있다. 긍정적 영향이 있다고 진단하는 분석이 더 많은 편이지만 ESG와 기업 성과 간에 분명한 상관관계를 확인할 수 없다는 주장도 존재한다. 따라서 여기에서는 적절한 절충점을 찾아보자. 그것은 바로 ESG 경영을 잘하면 기업 실적이 개선될 가능성이 크지만, ESG 경영을 한다고 해서 자동으로 실적이 나아지는 것은 아니라는 점이다. 결국 ESG가 실적 개선의 효과를 가져오기 위해서는 다양한 부문에 걸친 경영 혁신이 수반돼야 한다는 점을 강조하고 싶다.

이를 확인하기 위해 ESG 경영을 성공적으로 수행한 기업들이 어떤 특징을 보였는지를 들여다볼 필요가 있다. 사실 이에 관한 연구는 그리 많은 편은 아닌데 로버트 에클레스 하버드대 비즈니스스쿨 교수를 포함한 연구진 3명의 연구는 이 같은 질문에 대해 하나의 답을 주고 있다.[111] 이들은 미국 기업 180개를 90개의 고高 지속가능기업과 90개의 저低 지속가능기업으로 나눠 전자前者 기업의 경영상 특징을 도출해냈다. 이들이 선정한 고 지속가능기업은 환경과 사회적 경영 방침을 상당수 도입한 기업인 데 비해 저 지속가능기업은 이같은 정책을 시행하지 않은 기업이다. 고 지속가능기업은 어떤 특성을 보였을까? 먼저 이들 기업에서는 이사회가 환경 및 사회 이슈에 대해 직접적인 책임을 지는 모습을 보였다. 고 지속가능기업의 53%는 이사회에 지속가능 이슈와 관련해 공식적 책임을 부여한 반면 저 지속가능기업의 이 비율은 22%에 불과했다. 예컨대 포드의 경우 이사회 안에 설치된 지속가능위원회가 경영진이 지속가능 성장을 촉진하기 위한 정책을 실행하고 온실가스 배출에 관한 정부 규제에 대응하는 일을 지원했다. 이 위원회는 또 경영진이 전략을 수립하고, 목표를 설정하며, 지속가능성을 경영 활동에 내재화하는 일을 도왔다. 고

---

111 Robert G. Eccles 등(2021.3), 'THE IMPACT OF CORPORATE SUSTAINABILITY ON ORGANIZATIONAL PROCESSES AND PERFORMANCE', NATIONAL BUREAU OF ECONOMIC RESEARCH

지속가능기업은 또 고위 경영진의 보수를 환경 및 사회 측정치에 연계하는 움직임을 보였다. 예를 들어 인텔은 1990년대 중반 이래 임원 보수를 환경 성과에 연동해 결정했으며, 2008년부터는 직원 보너스도 여기에 연계해 운용했다.

고 지속가능기업은 이해관계자와 소통하는 데도 상당히 적극적인 모습을 보였다. 이들은 지역 관리자에게 이해관계자 관리 훈련을 시키고, 장기 성장을 위해 중요한 이해관계자가 누구인지 확인했으며, 모든 이해관계자가 기업에 대해 우려하는 점을 밝힐 수 있도록 보장했다. 또 관련 이해관계자와 불만 처리 절차에 대해 상호 합의하고 이해관계자로부터의 피드백을 이사회나 핵심 부서와 공유했다. 한 마디로 이해관계자와의 소통에 있어 더 적극적이고, 더 투명하며, 더 책임 있는 자세를 보였다. 고 지속가능기업이 보인 또 다른 특징은 장기 지향성이다. 이들 기업은 애널리스트들과의 컨퍼런스 콜에서 상대적으로 장기적인 견해를 피력했으며, 그 결과 단기투자자보다는 충성도가 높은 투자자를 확보했다. 예컨대 글로벌 생활용품 기업인 유니레버의 CEO인 폴 폴만이 지난 2009년 단기주의 경영에서 벗어나기 위해 분기 실적 발표를 하지 않겠다고 공표했다. 그러자 헤지펀드들이 이에 반발해 주식을 팔아치우면서 이들 펀드의 지분율이 3년 만에 15%에서 5%로 하락했다. 하지만 결과는 긍정적이었다. 폴만의 결정은 단기 경영을 요구하는 시장에 맞서는 조치였지만 결국 단기 투자자의 비중이 줄어들어 주가 변동을 줄이는 결과를 가져왔다. 폴 폴먼이 재임한 10년 동안 유니레버의 주가는 150% 상승해 FTSE 100 수익률의 두 배를 기록했다. 이처럼 ESG 경영의 결과 고 지속가능기업의 주가 수익률은 저 지속가능기업을 크게 상회했다. 1993년 초에 고 지속가능기업에 투자한 1달러는 2010년 말에 22.6달러로 불어난 데 비해 같은 기간 중 저 지속가능기업에 투자한 1달러는 15.4달러로 늘어나는 데 그쳤다.

지금까지 얘기해온 것을 종합하면, ESG 경영이 기업 실적에 가져오는 영향에 대해서는 분석이 엇갈린다. 이는 'ESG 경영 = 실적 개선'이라는 등식이 자동으로 성립되는 것은 아니라는 것을 의미한다. 긍정적 결과를 얻기 위해서는 진정성을 가지고 ESG를 경영 활동 전반에 내재화하고 경영혁신을 동시에 병행하는 것이 중요함을 말해주고 있다.

이와 관련해 기업이 사회적 가치라는 '파이'를 키우는 게 중요하다는 알렉스 에드먼스 런던 비즈니스스쿨 교수의 시각은 주목할만하다. 에드먼스 교수는 『파이이코노믹스PIECONOMICS』라는 저서에서 파이는 사회적 가치이며 이윤은 파이의 한 부분이라고 강조한다.[112] 기업이 장기적 관점에 집중할 때 주주, 노동자, 고객, 공급자, 지역사회 등 모든 이해관계자를 위한 파이를 키우는 방식으로 가치를 창출할 수 있다는 것이다. 파이이코노믹스는 사회를 위한 가치 창출을 통해 이윤을 추구하는 비즈니스 접근방식으로 ESG 경영과 궤를 같이하는 것이다. 대표적 사례는 글로벌 제약회사인 머크이다. 지난 1978년 머크는 가축의 기생충 감염을 치료하기 위해 자사가 개발한 이버멕틴Ivermectin이 사람의 걸리는 회선사상충의 치료제가 될 수 있다는 사실을 알아냈다. 사상충은 강변에 사는 주민들에게 실명증이나 끔찍한 고통을 겪게 하는 전염병이다. 머크는 1987년 대규모 자금을 투입해 생산한 이버멕틴을 전 세계 모든 사람에게 무상으로 제공하는 '멕티잔 기부 프로그램'을 설립해 운용하기 시작했다. 이 프로그램 덕분에 콜롬비아, 에콰도르 등 중남미 4개국에서는 강변실명증이 완전히 사라졌다. 머크는 대규모 손실을 감수한 이 같은 '선행善行'으로 사회에 공헌하는 기업이라는 명성을 갖게 됐으며 이에 따라 많은 투자자와 이해관계자가 머크에 몰려들었다. 그 결과 오늘날 2,000억 달러 이상의 기업 가치를 갖는 세계 최대 제약회사로 도약하게 됐다는 에드먼스 교수의 평가이다.

---

112 알렉스 에드먼스(2020), 'ESG 파이이코노믹스', 매일경제신문사

오스테드, 파타고니아, 그리고 유니레버

ESG(환경, 사회, 지배구조) 경영은 단거리 경주가 아니다. 마라톤 경기이다. 경영과 생산 등 가치 사슬 전반에 ESG 가치가 스며들게해 기업의 장기적 가치를 높이는 게 목표이기 때문이다. 관련 조직을 가동한다든가 하는 식의 대외적 선언만으로 ESG 경영이완성되는 것은 아니다. 첫 발자국을 뗀데 불과하다. 진정성을 가지고 꾸준히 친환경 사업, 이해관계자와의 소통, 투명하고 깨끗한 경영 등을 해나가야 의미 있는 변화를 이뤄낼 수 있다.

ESG 경영을 잘하면 기업이 많은 수익을 내고 투자수익률도양호하다는 얘기를 많이 한다. 문제는 이게 저절로 이뤄지는 게아니라는 데 있다. 긴 호흡을 가지고 ESG와 경영혁신을 잘 융합

해야 이룰 수 있는 열매이다. ESG 우등생이 되는 효과적인 길 중 하나는 모범 기업으로부터 배우는 방법이다. 그래서 돋보이는 성과를 올리고 있는 세 개 기업을 소개하려 한다. 주인공은 덴마크의 재생에너지 기업인 오스테드, 미국의 아웃도어 제품 기업인 파타고니아, 그리고 영국의 생활용품 기업인 유니레버이다.

먼저 오스테드. 이 기업은 캐나다의 금융정보 기업인 코퍼릿나이츠가 선정한 2020년 글로벌 지속가능 100대 기업 중 1위에 올랐다. 오스테드가 그동안 이뤄낸 비즈니스 모델의 혁신은 깜짝 놀랄만한 수준이다. 지난 10년 동안에 전통적인 화석연료 기업에서 재생에너지 기업(연안 풍력발전 세계 1위)으로 완벽하게 탈바꿈했다. 혁신의 가속화로 완전히 새로운 기업으로 재탄생하는 '파괴적 창조'를 완성했다.

그동안 오스테드가 걸어온 길을 살펴보자. 지난 2006년, 덴마크에서는 6개 에너지 기업이 '동DONG 에너지'라는 '한 지붕'으로 통합됐다(회사 이름은 2017년에 현재의 오스테드로 바뀐다). 지배주주는 정부였다. 당시만 해도 이 기업은 화석연료 비중이 85%에 달하는 화력발전 기업이었다. 덴마크 온실가스 배출량의 3분의 1을 뿜어댔다. 하지만 유럽 지역에서 기후변화가 심각한 이슈로 제기되자, 경영진은 미래를 내다보고 지속가능 에너지기업으로 환골탈태換骨奪胎 하기 위한 방안에 본격적인 시동을 걸었다. 목표는 2040년까지 녹색 발전 비중을 85%로 확대하고 화석연료 비중을 15%로 크게 낮추는 것. 이를 위해 화력 발전소 문을 닫기 시작했다. 이 부문에 대한 대규모 신규 투자도 중단했다. 대신 연안 풍력발전에 대한 투자를 크게 늘려나갔다. 잘 나가던 사업의 몸집을 크게 줄이고, 성공 여부가 불확실한 녹색 에너지에 기업의 운명을 거는 승부수를 던진 것이었다.

과정은 순탄하지 않았다. 2012년, 가스 사업의 적자 발생으로 위기가 찾아왔다. 경영진은 주늑 들지 않고 역풍을 헤치고 나아가는 과감한 선택을 했다. 가스발전 등 비핵심 자산을 매각하고 녹색 경영혁신에 더욱 박차를 가했다. 가장 큰 걸림돌은 신규 사업으로 밀어 붙여온 연안 풍력발전의 단가가 여전히 높은 수준이었다는 점. 이 때문에 경쟁기업들이 사업에서 철수하는 와중인데도 오스테드는 더 과감한 도전에 나섰다. 발전 단가 인하를 위해 매우 의욕적인 목표치를 설정한 다음 대규모 터빈 설치 등 규모의 경제를 통해 마침내 성공적으로 단가를 크게 낮췄다. 그 결과 재생에너지 비중 85%를 계획보다 21년이나 앞선 2019년에 조기 달성한다. 대변화의 실험이 진행됐던 지난 2007년부터 2020년까지 오스테드가 만들어낸 성과는 괄목할만하다. 탄소 배출량이 무려 86%나 줄어들었다. 비즈니스 모델 자체를 대수술했는데도 영업이익은 두 배 가까이 늘어났다. 재생에너지 사업이 이익에서 차지하는 비중은 98%까지 상승했다. 오스테드는 앞으로도 ▲2023년 석탄 사용 중단 ▲2025년 자체 탄소 중립 ▲2040년 공급체인 탄소중립 등을 적극적으로 추진해나간다는 계획이다.

오스테드가 이처럼 상전벽해桑田碧海의 변화를 이뤄낸 힘은 무엇일까? 먼저 미래를 정확하게 내다본 선견지명이다. 기후변화에 비춰 화석연료 비즈니스가 위기에 빠져드는 대신 재생에너지 부문에서 새로운 기회가 생길 것임을 일찌감치 읽어냈다. 달성하기 쉽지 않아 보이는 열정적인 목표를 세운 다음 단계적인 실행 계획을 마련해 추진한 것도 빼놓을 수 없는 성공 요인이다. 특히 예상치 못한 위기 상황에서 뒷걸음질하지 않고 과감하게 '녹색 혁신'을 밀고 나간 것도 그린에너지 기업으로의 변신을 가능하게 했다. 추가로 눈여겨봐야 할 강점은 정부, 투자자, 근로자, 소비자, 시민단체 등 이해관계자와 활발한 소통을 통해 지속가능 과제를 선정하고 이를 전사적으로 추진한 현장중시형 실행력이다. 오스테드는 매년 이해관계자와의 접촉을 통해 지속가능 경영을 위한 중요 현안을 포착하고 있다. 예컨대 ESG 평가기관과 투자자들이 요구하는 것이 무엇인지, 그리고 새롭게 떠오르고 있는 이슈는 무엇인지 등을 파악한다. 이 1단계 일이 완료되면 과제별로 중요도에 따라 순위를 매기는 과정이 이어진다. 최종적으로는 경영진과 이사회가 이 중 전략적으로 중요도가 높은 과제를 선정하고, 이를 실행에 옮긴다.(표27 참조) 오스테드가 이런 방식으로 확정한 2020년 지속가능 프로그램은 녹색 자금조달, 해양 생물다양성, 지역사회 지원, 근로자 안전, 인권, 사이버 보안 등 20개에 이른다. 지속가능과 ESG 경영이 체질화돼있는 '역할모델' 기업인 것이다.

표27 오스테드의 지속가능경영 방식

	지도 그리기	우선순위 설정	확정 단계	개발 단계	실현 및 보고
주기	지속적	연 1회	연 1회	지속적	지속적
목표	주요 지속가능 주제 그리기	각 주제의 영향과 우선 순위 파악	경영과 지배 구조에 반영할 우선 추진 지속가능 주제 확정	지속가능 프로그램 업데이트	진행 상황과 도전을 보고 하고 소통
핵심 활동	-투자자, 지역사회, NGO, 정치권과 대화 -전문가 및 대학과 대화	-내부 전문가와 워크숍 -외부 이해관 계자 대화	-지속가능위, 주제 우선순 위 승인 -이사회, 사업 포트폴리오 승인	-기존 지속가능 프로그램 업 데이트 -신규 프로그 램 구축	-지속가능 연례보고서 출간 -분기 및 연간 핵심 ESG 데이터 공표
참여 이해 관계자	정치인, 전문가, 규제 당국, 소비자, 지역사회, 투자자, NGO, 학계, 근로자 등	정치인, 전문가, 규제 당국, 소비자, 지역 사회, 투자자, NGO, 학계, 근로자 등	이사회, 지속가능 위원회	정치인, 전문가, 규제 당국, 소비자, 지역 사회, 투자자, NGO, 학계, 근로자 등	ESG 성과 보고서의 자료 감사를 위한 내부 활동

자료: 오스테드

오스테드는 자사가 그동안 걸어온 길을 회고하며 '그린 비즈니스 혁신: 우리가 이룬 것과 배운 교훈'이라는 보고서를 내놓았다.[113] 이 보고서에서 오스테드는 비즈니스의 녹색 전환을 통해 얻은 7가지 교훈을 소개한다. 획기적으로 비즈니스 모델을 바꾼 기업이 밝힌 통찰력이 깊은 내용이어서 요약 소개한다.

<오스테드가 '그린 비즈니스 혁신을 통해 배운 7가지 핵심 교훈'>

1. 변화하는 환경에서 현실을 직시하라

현재 비즈니스를 하는 맥락과 그 변화 방향을 이해해야 한다. 현실에 매몰되지 말고 미래의 비즈니스 환경에 영향을 줄 리스크와 기회를 바라봐야 한다. 오스테드에게 이것은 화석연료 비즈니스 모델에 대한 장기적 도전, 기후에 대한 영향, 그리고 성장하는 재생에너지 시장에서 나올 기회를 이해하는 것을 의미했다. 유쾌하지 않고 도전적이어도 변화의 맥락 속에서 현재 비즈니스 모델의 장기적 생존 가능성에 대해 정직한 진단을 내려야 한다. 우리는 타성과 오래된 견해를 극복해야 했다. 이 일은 수천 명의 동료가 자부심을 가져온 전문 영역을 떠나는 것이어서 힘들었다.

2. 지속가능한 비전을 정의하라

열정적이고 목적에 기반을 둔 비전을 정의해야 한다. 이것은 기업이 보다 지속가능한 세계에 어떻게 기여할 것인지에 대한 것이다. 오스테드의 비전은 온전히 그린에너지로 운영되는 세상을 창조하는 것이다. 이 비전을 성취하기 위해 그린 비즈니스 혁신이 필요하다. 변화를 만들어 갈지를 결정할 때 비용-편익 분석에 너무 매달리지 않아야 한다.

3. 이해관계자와 소통하라

혁신적 변화를 가져오는 리스크와 기회에 대해 이해관계자와 소통해야 한다. 변화가 각각의 이해관계자에게 어떻게 가치를 창출하는지 설명해야 한다. 특정 그룹이 손해를봤으면 기간을

---

113 Orsted(2021.4), 'Our green business transformation; What we did and lessons learned'

가지고 변화의 이유를 설명하고 그들의 견해를 경청해야 한다. 오스테드는 부분적으로 호의적인 정치적 환경 덕분에 그린 혁신을 이룰 수 있었다. 기업 혼자 성공적인 혁신을 이룰 수 없다. 목표를 달성하기 위해 어떤 파트너와 이해관계자가 필요한지 확인해야 한다. 오스테드는 협력 업체와 협조해 기술을 개발 하고 비용을 줄일 수 있었다.

4. 비전 아래 자원을 동원하라

비전을 추구하기 위해 그린 비즈니스 혁신을 결단력 있게 추진해야 한다. 청사진이 마련됐으면 자본과 인력을 동원해야 한다.

5. 가시적 행동에 시동을 걸어라

중기적 과학기반 탄소배출 감축 목표를 설정해야 한다. 변화를 유도할 정도로 야심찬 목표치가 있어야 한다. 하지만 혁신 작업은 구성원들의 동기를 앗아가지 않게 현실적 이어야 한다. 일년 단위 계획을 세워 직원들이 무엇을 해야하는지를 알게 해야하며, 자주 진행 상황과 목표를 재검토해야 한다. 오스테드는 탈탄소, 연안 풍력발전의 단가 등에 대한 다수의 목표치가 있었다. 이는 변화의 속도와 자원 동원을 결정하는데 도움이 됐다.

6. 기하급수적 변화를 예상하라

에너지 시스템 같은 시스템이 변화할 때, 점진적인 변화를 기대하면 안 된다. 변혁은 처음에는 느리게 시작하지만 확산 단계에 접어들면 기하급수적으로 진행된다. 그러나 우리는 최근의 상황에 근거해 미래를 예상하는 경향이 있어 변화의 속도를 과소평가 한다. 변화의 과정에서는 어제나 오늘 진실이었던 것이 내일에는 더 이상 진실이 아니다. 기하급수적으로 변화가 일어나는 상황에서 리더십이 직면하는 도전은 변화에 앞서가고 새로운 변화 가능성에 개방적 자세를 유지하는 것이다. 우리도 변화의 속도에 놀랐다. 혁신의 목표치는 당초 계획했던 30년을 훨씬 앞당겨 10년 만에 달성했다. 연안 풍력발전 단가 감축 목표도 4년을 앞당겨 달성했다.

7. 먼 길을 가라

인내심을 가져야 한다. 도중에 뒷걸음을 할 수도 있지만 처음에 정한 길을 걸어가라. 청사진이 있다고 장기적 비전을 향해 직선으로 가려고 하지 마라. 규모가 큰 변혁을 이루려고 할 때는 불가능한 일이다. 의미가 있는 큰 걸음을 내딛으며 올바른 방향을 봐야한다.

다음으로 소개할 기업은 파타고니아이다. 오스테드가 기존 사업을 전면적으로 뜯어고친 경우라면 파타고니아는 처음부터 기업의 목적이 '첫째도 환경, 둘째도 환경, 셋째도 환경'인 사례이다. 1973년에 파타고니아를 설립한 창업자 이본 쉬나드는 환경 보호를 집착에 가까울 정도로 경영철학으로 고수하는 경영자이다. 그는 저서 『파타고니아, 파도가 칠 때는 서핑을』에서 말한다.[114] "우리는 회사를 팔거나 공개회사로 만들어 '환경 위기에 대한 공감을 형성하고 해결 방안을 실행하기 위해 사업을 이용한다'는 우리의 사명을 타협할 생각이 없다". 투자자의 이익 극대화 요구에 밀려 환경을 뒷전으로 미루는 상황을 아예 만들지 않겠다는 의지의 천명이다. 그런 만큼 성장과 이윤을 바라보는 시선도 크게 다르다. 이사회에 제출된 '우리의 가치관'이라는 내부 문건은 "성장과 확장은 회사의 기반이 되는 가치관이 아니다"라고 선언한다. 실제로 쉬나드는 이윤을 내는 것이 파타고니아의 목표가 아니며 옳은 일은 하면 이익이 따라올 것이라고 강조하고 있다.

파타고니아는 환경을 전략과 가치 사슬 전반의 핵심 가치로 삼은 모범을 보여주고 있다. 그 전환점은 1972년과 1994년이었다. 먼저, 1972년 당시 파타고니아의 전신인 등산장비 회사 쉬나

---

114 이본 쉬나드 (2016), 이명래 옮김, 『파타고니아 파도가 칠 때는 서핑을』, 라이팅하우스

드 이큅먼트를 운영하던 이본 쉬나드는 자사 제품인 강철 피톤이 암벽을 훼손하는 것을 인지하고 당시 매출의 70%를 차지하고 있던 강철 피톤을 신제품인 알루미늄 초크로 대체했다. 환경 보호를 위해 잘 나가던 제품을 포기한 과감한 의사결정이었다. 이어 1994년에 파타고니아는 의류 생산을 위한 목화재배 과정에서 환경과 인체에 심각한 영향을 미치는 화학물질이 쓰이고 있음을 알아내고 중대 결정을 내린다. 모든 스포츠웨어를 친환경적인 유기농 목화로 제조하기로 한 것이다. 이 목표는 불과 2년 만에 현실화했다. 핵심은 공급망에 대한 철저한 관리였다. 유기농법으로 재배하는 소수의 농부와 목화 직거래를 텄다. 특히 인증기관의 협조를 받아 모든 섬유가 친환경적으로 생산되는지를 역추적하는 시스템까지 갖췄다.

파타고니아는 의류의 재사용에도 많을 공을 들이고 있다. 이른바 '원 웨어Worn Wear' 프로그램을 가동하고 있다. 릭 리지웨이 파타고니아 사회공헌 부사장은 한 언론과의 인터뷰에서 "원 웨어 프로그램은 제품을 최대한 지속가능할 때까지 사용하자는 캠페인"이라며 4가지 R로 책임 있는 소비를 권장하고 있다고 설명했다.[115] 그 4가지 중 첫 번째는 Repair, 고쳐서 입기이다. 파타고

---

115 유부혁(2017.10), '릭 리지웨이(Rick Ridgeway) 파타고니아 사회공헌 부사장, "Higg Index, 제품 구매에 결정적 영향 끼칠 것", 포브스 코리아

니아는 지난 2011년부터 오래된 제품을 회수해 수선 센터에서 고치고 있다. 원하는 고객에게는 이를 다시 보내주고 있다. 두 번째 R은 Reuse, 재사용이다. 사용하지 않는 제품이 있다면 필요한 사람에게 주거나 판매하라는 것이다. 세 번째는 Recycle, 재활용이다. 파타고니아는 더 이상 고칠 수 없는 제품을 재활용하고 있다. 마지막으로 네 번째 R은 Reduce, 절약이다. 이와 관련, 파타고니아는 2011년에 뉴욕타임스에 '이 재킷을 사지 마세요DON'T BUY THIS JACKET'이라는 광고를 실어 눈길을 끌었다. 옷을 만들때마다 환경이 파괴되는 점을 고려해 꼭 필요한 경우에만 재킷을 구매하고 그렇지 않으면 소비를 자제해달라는 진심이 담긴 문구였다. 이 광고가 실린 후 파타고니아의 매출은 40%나 급증한 것으로 전해졌다.[116] 파타고니아는 이와 함께 환경 운동도 적극적으로 지원하고 있는데 매출의 1%를 전 세계의 환경단체에 후원하고 있다. 이른바 '지구를 위한 1%1% For the Planet' 캠페인이다.

파타고니아는 어찌 보면 '경영의 이단자' 같은 기업인지도 모른다. 성장 속도를 조절하고 이익을 많이 내는 일에 몰두하지 않는 데다 환경을 위해 소비를 줄이자고 목소리를 높이는 기업이다. 소비자들이 이 기업의 가치에 공감하고 품질 좋은 제품에 '구

---

116 윤신원(2019.4), "'사지말라'는 광고로 매출 40% 급증...브랜딩은 '파타고니아'처럼', 아시아경제

매'로 화답하면서 지속가능 경영의 성공 사례로 자리 잡았다. 흥미로운 점은 파타고니아에 철학 담당 임원이 있다는 사실이다. 그만큼 환경을 중시하는 경영철학을 사내에 전파시키는 일을 중시하고 있는 것이다. 2021년 11월 한국에 온 파타고니아의 철학 담당 임원 빈센트 스탠리는 기억의 목적과 이윤을 어떻게 조화시키냐는 질문에 "이익은 기업의 목적으로부터 발생한다"며 "파타고니아는 혁신으로 차별화를 해왔다"고 강조했다.

파타고니아는 이런 이유로 "기업의 사회적 책임을 통해 대중의 지지를 얻어 자사의 매출 상승과 함께 브랜드 주목성을 높은 긍정적 사례"로 평가받고 있다.[117] 박병진 한양대 교수 등은 파타고니아의 성공 요인으로 6가지를 들고 있다.[118] 첫 번째 성공 요인은 쉬나드 회장의 리더십이다. 쉬나드는 환경경영에 대한 경영철학이 분명하고 사회적 책임에 대한 이해가 충분하다는 것이다. 두 번째 요인은 기업의 미션과 경영철학이다. 파타고니아의 미션은 '비즈니스를 통해 환경위기에 대한 해결 방안을 제시하고 이를 실천한다'는 식으로 매우 구체적이다. 세 번째는 가치 중심의 의사 결정과 인력 채용이다. 파타고니아가 강철 피톤 대신 환경

---

117 박소현(2020.2), '파타고니아 '원 웨에(Worn wear)'의 기업의 사회적 책임(CSR) 사례 연구', 한국의 상디자인학회지 제22권 1호
118 유승권·박병진(2017), '파타고니아, 비즈니스 가치사슬과 CSR의 결합사례', 기업경영 연구 제24권 제4호

을 보호하는 알루미늄 초크를 선택하고, 농약 재배 면화 대신 유기농 면화를 사용하며, 협력업체를 선정하는 기준에 사회와 환경기준을 추가한 사례는 단기적 이익보다는 환경보전과 지속가능의 가치를 중심으로 의사 결정을 하고 있다는 점을 잘 보여주고 있다. 다음으로 네 번째 요인은 고객과의 가치 공유이다. 실제로 파타고나이아는 환경 오염을 최대한 줄이는 생산 공정을 통해 재활용이 가능한 제품을 만들고 있기때문에 고객의 충성도가 높은 상태이다. 또 다섯 번째 요인으로는 고객 만족과 신뢰를 들 수 있다. 파타고니아는 '철갑보증제'를 통해 평생 애프터서비스를 실행하고 고객을 직접 찾아가는 이동수선 서비스를 제공해 고객 만족도를 높임은 물론 높은 신뢰를 받고 있다는 지적이다. 마지막으로 여섯 번째 성공요인은 브랜드의 정체성이다. 파타고니아는 경영철학과 미션, 의사 결정, 인력 채용, 제품과 서비스의 이르는 모든 과정에서 일관된 메시지를 공유함으로써 브랜드의 정체성을 지켜나가고 있다는 평가를 받고 있다.

다음으로 소개할 기업은 영국의 생활용품 기업인 유니레버이다. 유니레버는 앞에서도 두 차례 ESG 모범 기업으로 소개했었다. 먼저 유니레버는 물을 절약할 수 있는 식기 세제인 선라이트Sunlight를 시판해 소비자들의 호평을 받았는데 이게 계기가 돼 다른 제품까지 매출이 늘어나는 효과를 향유한 사례가 있다. 또 2009년에 유니레버 CEO인 폴 폴만은 단기 경영에서 벗어나기 위해 시장이 요구하는 분기 실적 발표를 하지 않겠다고 발표했다. 이 조치 이후 단기 수익을 추구하는 헤지펀드들이 주식을 매각하면서 어려움도 있었지만, 결과는 성공적이었다. 단기 투자자가 줄어들면서 주가가 안정됐다. 특히 폴 폴먼이 재임한 10년 동안 주가는 150%나 올랐다. 시장 지수의 상승폭을 크게 상회한 수준을 기록했다. 폴 폴먼은 2021년에 하버드 비즈니스 리뷰와의 인터뷰에서 당시를 회고하며 "기업은 인기 경쟁을 하는 것이 아니라 비즈니스를 위해 옳은 일을 하는 것"이라고 강조했다. 폴먼은 분기 실적 발표를 폐지한 조치에 대해 이렇게 설명했다.[119]

기후변화나 식품의 안전성 그리고 불평등 같은 문제를 해결하기 위해서는 장기長期에 초점을 맞춰야 한다. 분기 실적 발표 경주에 참여하면서 이런 일을 할 수는 없다. 분기 실적 발표를 중단하고 장기로 옮겨간 것은 영웅적인 일이 아니다. 그것은 경계선을 바꾸는 일이었다. 사람의 행동은 경계선에 의해 결정된다. 당시 유니레버는 다른 많은 기업처럼 단기 주의의 희생양이 돼 있었다. 우리는 움직여야 했다. 다른 기업에도 이를 권유한다. 이해관계자 모델로 옮겨가고 책임을 수용함으로써 많은 문이 열렸다.

---

119 Harvard Business Review(2021.11.19.), 'Former Unilever CEO Paul Polman Says Aiming for Sustainability Isn't Good Enough–The Goal Is Much Higher'

많은 기회가 생겼다.

　　유니레버는 2010년에 '유니레버 지속가능 생활계획USLP;Unilever Sustainability Living Plan'이라는 중요한 계획을 실행에 옮긴다. USLP는 지속가능한 생활을 유니레버의 핵심 목표로 규정했다. 10년의 기간에 걸쳐 달성할 세 가지의 담대한 목표가 수립됐다. 그것은 10억 명 이상의 건강과 복지를 개선하고, 환경에 대한 영향을 절반 수준으로 줄이며, 비즈니스의 성장을 통해 수백만 명의 삶을 향상시키는 일이었다.[120] USLP는 이 세 가지의 목표 달성을 위해 7개의 하위 범주를 선정했다. 그것은 건강과 위생, 영양, 온실가스, 물, 폐기물, 지속가능한 구매, 그리고 더 나은 삶livelihood였다. '더 나은 삶'은 사회적 어젠다를 포괄한 개념이었는데 나중에 공정한 일터, 여성의 기회, 포용적 비즈니스 이 세 가지로 확장됐다. 결과적으로 USLP는 세 가지 목표와 이를 뒷받침하는 9개의 하위 범주로 구성돼 추진됐다. USLP의 특징은 CSR처럼 핵심 업무에 추가된 부수 업무가 아니라 그 자체가 전략이고 기업의 성장 어젠다에 내재화했다는 점이다. 결과는 성공적이었다. 10년 후인 2020년에 USLP는 대부분의 목표치를 달성했거나 초과했다. 예컨대 12억 달러의 비용을 절감하고, 13억 명이 건강과 위생을

---

120 PAUL POLMAN·ANDREW WINSTON(2021), 'net positive', HARVARD BUSINESS REVIEW PRESS

개선하도록 도왔다. 제조 공장의 전기는 100% 재생에너지로 전환됐으며, 탄소 배출량도 65%나 줄였다. 또 경영진의 여성 비율은 51%로 상승했고, 지속가능한 농산물 원자재 구입비율은 14%에서 67%로 크게 증가했다. 생산물 1톤 당 물 사용량도 49%도 줄었고, 모든 공장에서 매립 쓰레기를 없앴다. 특히 매출도 대폭 확대되고 주가도 경쟁사보다 더 많이 오르는 등 경영실적도 크게 호전됐다.

표28 유니레버 지속가능 생활 플랜(USLP)

목표	목표의 내용	하위 범주	하위 범주 설명
10억 명 이상의 건강과 위생 개선	2020년까지 10억 명 이상 건강/위생 개선 지원	건강 및 위생	생명 위협 질병 축소
		영양	최고 영양기준 부합 제품 비율 두 배 확대
환경에 대한 영향 절반감축	2030년까지 제품의 생산과 사용이가져오는 환경발자국 절반 감축	온실가스	2030년까지 제품 생애주기 동안 온실가스 배출 절반 감축
		물	2020년까지 제품 사용 단계에서 물 사용량 절반 감축
		폐기물	2020년까지 절반 감축
		지속가능 구매	2020년까지 농산물 원자재 100%를 지속가능 구매
수백만 명의 삶 향상	2030년까지 수백만 명의 삶 향상	공정한 일터	2020년까지 유니레버 및 공급체인의 인권 개선
		여성의 기회	2020년까지 여성 5백만명에 권한 부여
		포용적 비즈니스	2020년까지 550만 명의 삶에 긍정적 영향

유니레버는 USLP를 실행하기 전인 2006년에도 지속가능한 경영을 성공적으로 실행했던 경험이 있었다. 이 경험이 USLP를 수립하고 실천에 옮기는 데 바탕이 됐다는 평가다. 당시 유니레버는 차※ 시장에서 치열한 경쟁을 벌이고 있었다. 그런 상황에서도 지속가능한 방식으로 재배된 차만을 구매하는 방안을 추진했다. 재래식 차 생산이 살충제와 농약, 비료를 대규모로 사용하는 데다 토양침식을 더욱 가속화하고 있다는 판단에 따른 것이었다. 문제는 50만 명의 소작농을 양성하고 농가에서 구매하는 차 가격도 올려줘야 한다는 점이었다. 경쟁이 치열한 시장에서 결국 차 가격을 올리는 것은 언뜻 보면 '자해행위'로 비춰질 수도 있었다. 하지만 유니레버는 이를 실행에 옮겼다. 그동안 저가 경쟁 탓으로 원가를 낮추는 데만 집중해 경영이 열악했던 농장들이 큰 혜택을 받았다. 수확량도 늘어나고 수입도 증가했다. 하지만 유니레버에는 차 생산 원가가 크게 늘어난 점이 부담이 됐다. 유니레버는 이 어려움을 지속가능성을 주제로 한 캠페인을 적극적으로 벌여 돌파했다. 소비자들이 '지속가능한 차'라는 개념에 공감하면서 판매도 늘어나고 시장점유율도 올라가는 성과를 거뒀다.[121] 도전적 과제였지만 지속가능 구매를 과감하게 실행한 게 빛을 발한 것이다.

---

121 리베카 핸데슨(2020), '자본주의 대전환', 어크로스

유니레버는 USLP 시행 7년 차이던 2017년 초에 한 차례 위기를 맞기도 했다. 당시 경쟁사인 크래프트 하인츠의 CEO인 알렉산더 베어링은 런던에 있는 유니레버 본사를 찾아 폴 폴먼을 면담했다. 이 자리에서 그는 폴먼에게 유니레버를 1,430억 달러에 인수하겠다는 제안을 했다. 시장가격에 18%의 프리미엄을 얹은 가격이었다. 크래프트 하인츠는 2년 전에 브라질의 프라이빗에쿼티 회사인 3G와 워런 버핏이 운영하는 버크셔해서웨이에 인수된 상태였다. 문제는 3G가 비용을 줄여 단기 수익을 늘리는 경영을 추구한다는 데 있었다. 이해관계자를 존중하며 장기 경영을 추구해온 유니레버로서는 회사를 망칠 수도 있는 제안에 직면한 셈이 됐다. 물론 순순히 이 제안을 받아들이면 경영진들은 돈방석에 앉을 수도 있었다. 하지만 폴 폴먼은 유니레버를 크래프트 하인츠 같은 기업에 넘길 수 없었다. 때마침 NGO와 노조 지도자들이 이 인수에 반대하는 등 여론이 하인츠 측에 불리하게 형성되면서 마침내 인수 시도가 무산되게 된다. 지속가능 기업을 지키려했던 경영진의 결심과 여론의 지원이 만들어낸 합작품이었다.

지금까지 오스테드와 파타고니아, 그리고 유니레버의 ESG 경영과 그에 따른 성과를 소개했다. 이들 세 기업이 보여준 공통적인 특징이 있다. 먼저 미래를 내다보는 통찰력과 추진력을 갖춘 경영진의 리더십이다. 오스테드 경영진은 화석연료 발전사업이 잘 나가는 비즈니스였는데도 이를 축소하고 풍력발전이라는 미지의 영역에 도전했으며 진행 과정에서 직면한 어려움에 흔들리지 않고 목적지에 도착하는 추진력을 보여줬다. 오스테드는 "정말 중요한 사실은 기술적 또는 재무적 도전으로 보이는 문제들이 사실은 리더십의 이슈라는 점이다. 우리는 보다 지속가능한 비즈니스 모델로의 혁신을 이루기 위해 리더십을 중시했다"고 자평하고 있다. 파타고니아와 유니레버도 마찬가지다. 파타고니아 창업자인 이본 쉬나드가 주력 사업인 강철 피톤을 접은 것이나 이익보다도 환경을 중시하는 경영철학을 고집한 것, 또 유니레버의 CEO인 폴 폴먼이 시장의 저항을 무릅쓰고 분기 실적을 공표하지 않는 결단을 하고 지속가능 기업을 지키기 위해 크래프트 하인츠의 인수 유혹을 뿌리친 것은 ESG 경영에 있어 CEO의 진정성 있는 리더십이 얼마나 중요한지를 잘 보여주고 있다.

이들 세 기업은 또 ESG 경영이 성과를 내기 위해서는 비즈니스 모델의 혁신이 병행돼야 한다는 교훈을 던져주고 있다. 오스테드는 대규모 투자를 지속해 풍력발전 단가를 낮춤으로써 화력발전에서 재생에너지로 비즈니스 모델을 변신시키는 데 성공했다. 파타고니아는 유기농 면화를 사용하는 등의 방식으로 비즈니스 자체를 환경보전과 지속가능의 가치를 중심으로 혁신했다. 유니레버의 경우도 10년에 걸쳐 지속적으로 USLP라는 지속가능경영 계획을 추진하고 원가 상승에도 불구하고 지속가능한 방식으로 차 재배를 하는 등의 선택으로 경영혁신을 이뤄냈다. 결국 이들 세 기업은 지속가능경영과 성장성, 수익성이라는 세 마리 토끼를 한꺼번에 잡은 것이다.

세 기업은 이와 함께 ESG를 추구하는 기업답게 이해관계자와의 활발한 소통에 모범을 보여줬다. 오스테드는 이해관계자와 소통해 회사가 추진해야 할 과제를 발굴해왔는데 이 과정에 이사회가 적극적으로 참여하는 모습을 보이고 있다. 이해관계자들이 제기한 이슈를 회사 전략으로 내재화한 다음 이를 경영성과로 연결시키고 있다. 파타고니아는 환경 보전의 가치를 이해관계자들에게 적극적으로 전파하고 자원 절약을 위해 옷을 수선해주는 서비스를 제공함으로써 충성도 높은 고객을 확보하고 있다. 유니레버도 거래하는 협력농장과 소통해 환경을 훼손하지 않는 방식으로 차를 재배하며 이들 농장에도 적정한 수준의 이익을 보장하고 있으며 USLP를 통해 공급체인에서의 인권, 일터에서 여성의 지위 향상 등을 위해 노력해왔다.

유니레버 CEO였던 폴 폴먼이 하버드비즈니스리뷰와의 인터뷰에서 던진 질문은 ESG 경영의 본질이 무엇인지를 잘 말해주고 있다. "기업은 세상의 문제를 만들어 내기보다 어떻게 그 문제들을 해결함으로써 이익을 낼 것인가?" "기업이 있어서 세계가 더 나아질 수 있는 것인가?"

<넷 포지티브(Net Positive) 기업>

폴 폴먼 전 유니레버 CEO와 앤드류 윈스턴은 공저한 『넷 포지티브』에서 넷 포지티브 기업의 비전을 이렇게 설명하고 있다.

넷 포지티브 기업은 자사가 영향을 미치는 모든 사람과 모든 영역의 복지를 개선한다. 여기에는 모든 제품과 사업, 지역, 국가, 그리고 근로자, 협력 업체, 지역사회, 고객을 포괄한 모든 이해관계자가 포함된다. 미래세대와 지구 자체도 개선 대상에 들어간다.

이들 두 저자는 넷 포지티브 기업을 뒷받침하는 5가지 핵심 원칙을 제시한다.
- 더욱 광범위한 범위의 세계에 대해 미치는 기업의 영향에 대한 책임을 진다.
- 상시로 좋은 실적을 추구하면서도 장기에 더 초점을 맞춘다.
- 다양한 이해관계자에 봉사하고 그들의 이익을 우선시한다.
- 기업의 범위를 넘어서 협력과 혁신적 변화를 수용한다.
- 이 모든 일의 결과로 주주에 견고한 수준의 수익을 제공한다.

이 책에서 그려진 넷 포지티브 기업의 모습은 이렇다. 이들 기업은 배출한 탄소보다 더 많은 탄소를 제거하고 수자원을 청정한 상태로 만든다. 또 이들은 공급체인 근로자들이 적정한 임금을 받아 존엄을 유지하도록 한다. 모든 인종과 '능력'에 대해 포용적인 기회를 제공하고 경영진 구성의 성평등과 급여 평등을 이룬다. 아울러 제품과 서비스를 통해 소비자와 지역사회의 후생이 더 나아지게 만들고, NGO들을 동등한 협력자로 여겨진다. 정부는 이들 기업을 자기 이익을 실현하려는 로비스트가 아니라 모두를 이롭게 하는 규칙을 개발하려는 파트너로 인식한다. 그리고 장기가치 창출을 지지하는 투자자들은 건전한 수준의 재무적 이익을 얻는다.

● ● ●

투자자의
본심은?

ESG 경영은 이제 거스를 수 없는 대세가 됐다. ESG 확산의 촉매는 '당근과 채찍'이다. 기업에 '채찍'은 현실이고, '당근'은 미래 기대치이다. '채찍'이 앞장서고 있다. 투자자들은 ESG에 소홀한 기업은 투자하지 않겠다고 경고하고 있다. 금융기관들은 돈을 빌려줄 때, 그리고 신용평가기관들은 신용등급을 매길 때 ESG를 중요하게 들여다보겠다고 공표했다. ESG를 잘하는 기업의 제품을 주로 구매하는 소비자들도 늘어나고 있다.

ESG는 기업에 긍정적 동기를 부여하는 요인이 될 수도 있다. ESG를 잘하면 경영 실적도 호전되고 기업 가치도 올라간다는 얘기다. 앞에서 살펴본 것처럼 이를 놓고 엇갈린 분석이 존재

한다. 긍정적으로 보는 쪽은 ESG로 리스크가 줄어드는 대신 수익성이 개선되고 기업 가치가 제고된다고 분석한다. 이해관계자의 요구를 파악해 새로운 성장 동력을 확보하고, 직원들의 자부심을 키우고 우수 인재를 유치함으로써 매출을 늘릴 수 있게 된다는 것이다. 과도한 포장이나 쓰레기 처리 비용을 줄이고 자본시장에서 낮은 금리로 자금을 빌려 비용을 줄일 수 있게 되는 것도 ESG가 가져다주는 '선물'이다. 하지만 ESG가 경영성과에 의미 있는 영향을 미치지 못한다는 의견도 분명히 존재한다.

이는 무엇을 말해주고 있을까? ESG 경영이 자동으로 좋은 경영성과로 이어지지는 않는다는 것이다. 왜 그럴까? 무엇보다 경영에 영향을 미치는 변수가 ESG 외에도 많다. 또 ESG와 경영혁신이 요철처럼 잘 맞물려 들어가 진행돼야 인상적인 열매를 맺을 가능성이 크다. 혁신 없이 수동적으로 ESG를 하게 되면 비용만 늘어날 수도 있다. 본질적으로 ESG는 장기적인 기업가치 제고를 지향하고 있어 단기적으로 이를 판단하기 어려운 면도 있다

그렇다면 여기에서 우리는 ESG가 진정으로 목표로 하는 가치는 무엇인가 하는 중요한 질문을 던져봐야 한다. ESG는 기업의 가치 사슬과 경영 전반에 환경, 사회, 지배구조 등 가치를 스며들게 해 장기적으로 경영도 환골탈태換骨奪胎시키고 경제도 지

속가능하게 만드는 것을 지향한다. 그런 만큼 자본시장이 요구하는 '성과'라는 잣대를 조급하게 들이되면 ESG 자체가 샛길로 빠질 우려가 있다.

그림9 **ESG와 재무성과의 매트릭스**

위 그림은 재무 성과와 ESG를 매트릭스로 그려본 것이다. 지금까지 우리는 실적이 좋으면 우량기업으로 평가해왔다. 표 상단의 '실적 only'와 'Star'에 속한 두 그룹이 여기에 해당된다. ESG 시대에 박수를 받게 될 기업은 ESG와 재무 성과 모두에서 우수한 성적표를 받는 기업이다. 좋은 일을 해 좋은 성과를 내는doing well by doing good 'Star' 기업이다. 그만큼 기업을 평가하는 기준이 엄격해지고 범위가 좁아진 것이라고 할 수 있다. 전통적인 화석연료 기업에서 대대적인 변신을 해 연안 풍력발전의 글로벌 리더가 된 덴마크의 오스테드가 대표적 기업이다. 비즈니스 모델 자체를 전면 개편해 성공한 사례이다. 이에 비해 ESG는 취약한데 실적

만 괜찮은 좌상단 기업은 이제는 '지속가능 불가'라는 판정을 받게 될 것으로 보인다. 온실가스 배출이 많은 석유, 가스, 철강 등 기업이 이 그룹에 속한다. 이들 기업은 탄소중립 등을 강력하게 실행해 'Star'로 옮겨가지 못하면 '좌초자산'이 되는 불명예를 안게 될 수도 있다. 시티와 골드만삭스, ING, 스탠다드챠터드 등 6개 대형 은행이 철강산업의 탈탄소화를 돕기 위해 '철강 기후조정 파이낸스 실무 그룹'을 구성한 것은 이 같은 위기의식이 반영된 것으로 국내 금융기관들에 참고가 될 수 있을 듯하다.

깊게 고민이 필요한 대목은 재무 성과는 만족스럽지 않은데 적극적으로 ESG 경영을 하는 기업'ESG only'을 어떻게 판단할까 하는 점이다. 성과를 중시하는 자본시장의 결론은 분명하다. '불합격' 판정이다. 그런 일이 프랑스의 식품회사인 다농에서 일어났다. 생수 에비앙으로 널리 알려진 기업이다. 7년 동안 이 회사의 사령탑을 맡아온 엠마뉘엘 파베르는 이해관계자 자본주의와 ESG 전도사로 널리 알려진 기업가. 그는 토양건강 프로그램을 가동해 토양의 유기물을 증가시킴으로써 탄소 포집, 화학비료 사용 감축, 생물다양성 회복 등에 앞장섰다. 하지만 그는 경쟁사인 네슬레와 유니레버에 비해 실적이 부진한 상황에서 코로나19로 결정타를 맞아 퇴출됐다. '반란'의 주동자는 행동주의 주주들이었다.

다농 사례는 '결국 실적'이라는 자본시장의 냉정한 원칙이 어김없이 관철된 경우이다. 경영 성과가 좋을 때는 빛이 났던 ESG도 초라한 실적 앞에선 무력해졌다. 그래서 다시 질문을 던져본다. 우리는 진심으로 ESG를 '경영의 등대'로 바라보고 있는가? 앞에서 얘기한 대로 ESG는 우량한 경영 실적이나 투자수익률을 가져올 수도 있고 그렇지 않을 수도 있다. 실적이 부실할 때 고개를 돌릴 ESG라면 우리 속내는 여전히 환경, 사회, 지배구조가 아니라 재무적 숫자에 가 있는 것인지도 모른다.

미국 경제매체인 마켓워치는 2020년에 비ESG 펀드 수익률이 22.9%로 지속가능펀드의 22.5%를 근소하게 앞섰다고 보도했다.[122] 이를 투자자들이 ESG 투자에서 일부 수익률을 희생한 것으로 해석할 수 있을까? 자본시장에서 수익률의 일부 포기가 가능한 일일까? 예컨대 ESG 투자를 선언한 국민연금 같은 글로벌 투자기관은 앞으로 ESG와 수익률이 엇갈릴 때 어떤 선택을 할까? ESG는 잘못하지만 수익률이 좋은 기업을 포기할 수 있을지, 또 당장은 실적은 좋지 않은 우량 ESG 기업이 'Star'로 성장하는 것을 돕고 기다릴 수 있을지 그 선택이 주는 메시지는 의미심장할 것이다. '투자자의 본심'을 드러낼 것이기 때문이다. 이와 관련

---

122 Christine Idzelis(2021.5.27.), 'Investors may be willing to sacrifice returns for ESG-but here's where they haven't had to, says Deutche Bank

해 2021년 3월 18일자 파이낸셜 타임스 사설은 중요한 지적을 하고 있다. "단순하고 폐해가 큰 '조악한' 주가 극대화를 추구하는 것으로 돌아간다면 그것은 실수가 될 것이다" 당장 손에 잡히지 않는 기업의 중장기 가치와 단기적 주가수익률의 요구가 충돌할 때 ESG를 외쳤던 기관투자자들은 '후반 역전'을 신뢰하며 벤치에 앉아있을 수 있을 것인가? 장기적으로 'Star' 기업군을 두텁게 하자는 ESG 정신의 현실화 여부는 선언이 아닌 실제 행동으로 결판이 날 것이다.

그러면 ESG 투자에 임하는 투자자의 진심은 어디에 있을까? 답하기 어려운 질문이지만, 투자자의 본심을 부분적으로나마 들여다볼 수 있게 해주는 조사 결과들이 있다. 먼저 pwc가 내놓은 'ESG의 경제적 실상'이라는 보고서.[123] 325명의 글로벌 자산운용 매니저들을 대상으로 한 이 조사 보고서에서는 흥미로운 결과가 나왔다. 응답자의 79%가 ESG 리스크가 투자 결정 시 중요한 변수로 작용하고 있으며, 경영진의 보수를 정할 때도 ESG 성과가 반영돼야 한다고 밝혔다. 단기 수익성이 나빠지더라도 기업이 ESG 이슈에 잘 대처해야 한다는 응답자도 75%에 달했다. 또 절반에 가까운 투자자(49%)는 ESG 이슈에 대해 충분한 실행을 하

123 JAMES CHALMERS 등(2021.10.28.), 'The economic realities of ESG', pwc

지 않는 기업에 대해서는 투자를 철회하겠다고 말했다. ESG 투자에 대해 강한 의지를 보인 답변들이다. 하지만 심층 인터뷰에 들어가자 투자자들은 속내를 좀 드러냈다. 많은 투자자들이 ESG 투자를 하더라도 손실을 보는 것을 기피했으며, 수익률을 희생하더라도 -1% 이내로만 수용할 수 있다는 응답이 81%에 달했다. 이같은 응답에 대해서는 두 가지 해석이 가능하다. 하나는 액면 그대로 투자자들이 ESG 투자에 있어서 손실을 감수하는 데 소극적인 태도를 지니고 있다는 것이고 다른 하나는 수익률을 일부 희생하는 것을 수용하는 입장을 보이고 있다는 것이다. 어떤 해석을 하든 수익률 경쟁이 치열한 자산운용 시장에서 개인 투자자들이 맡긴 돈을 운용하는 자산운용 매니저들이 ESG를 수익률보다 우선시하는 데 한계를 보일 수 밖에 없는 현실이 드러난 것이라고 할 수 있다.

주식을 직접 매입하거나 펀드 등을 통해 간접투자를 하는 개인투자자들은 ESG 투자에 대해 어떤 생각을 가지고 있을까? 자산운용사와 마찬가지로 개인투자자들도 ESG를 중시하고 있다. 자산관리기업인 도미니 임팩트 인베스트먼츠의 조사 결과를 보면 응답 개인투자자들의 70% 이상이 투자대상 기업을 선정할 때

ESG를 중시하고 있다.[124] 또 10명 중 4명은 과거에 ESG를 기준으로 주식이나 채권을 매입한 적이 있는 것으로 나타났는데 밀레니얼 투자자의 비율은 78%나 됐다. 젊은 세대일수록 ESG 투자에 대해 더 적극적인 모습을 보이고 있다. 중요한 점은 ESG 목표를 이루기 위해 절반 이상의 개인투자자들이 수익률을 '일부' 희생할 용의가 있다고 밝혔다는 점이다. 여기에서도 세대별로 큰 차이가 나타나고 있다. 낮은 수익률을 받아들이겠다는 응답자 비율은 밀레니얼 세대가 75%로 제일 높았으며, 다음으로 X세대 51%, 베이비부머 35%순으로 나타났다. 역시 젊은 세대일수록 자신이 중시하는 ESG가치를 위해 수익률 하락을 감수하겠다는 의사를 표명하고 있다.

이 두 가지 설문조사에서 드러난 공통점은 자산운용사와 개인투자자 모두 ESG 투자에서 수익률을 일부 희생할 수 있다는 투자 의지를 보이고 있다는 점이다. 보다 높은 수익률을 추구하는 게 '정상'인 자본시장에서 자신들이 추구하는 ESG라는 가치를 위해 투자수익이 적어도 괜찮다는 소신所信은 ESG 투자가 갖는 특성을 잘 보여준다고 할 수 있다. 하지만 설문에 대한 응답과 실제 행위는 얼마든지 다를 수 있다. 게다가 ESG 투자는 단기 수

___
124 Kiplinger(2021.10.12.), 'Kiplinger-Domini Poll; ESG Investing Is Gaining Traction'

익을 지향하는 게 아니라 기업 가치의 중장기 가치 제고에 초점을 맞추고 있다. 이런 점에서 단기적으로 수익률이 흔들릴 때 투자자들이 실제로 중장기 가치 제고를 지향하는 ESG 투자철학을 고수할지가 앞으로 주목해서 볼 관전 포인트라고 할 수 있다.

다른 한편으로는 투자자 입장에 경도돼 ESG를 바라보는 관점은 문제가 있다는 비판도 제기되고 있다. ESG가 심각한 환경 훼손, 양극화 심화 등 문제를 야기해온 자본주의를 혁신하자는 취지를 가지고 있는데 "'투자자본주의'의 관점으로 회귀하는 듯한 ESG 사고는 지나치게 편향된 사고일 수 있다"는 지적이다.[125] 필자도 공감한다. ESG가 투자자들이 발동을 걸어 시동이 걸린 것은 사실이다. 하지만 ESG는 이제 글로벌 제도, 각국 정책, 공시, 지속가능 금융, 신용평가, 공급체인, 가치 소비, 법원의 판결 등으로 확산하면서 새로운 자본주의를 지향하는 '신新경제질서'로 자리를 잡아가고 있다. 그리고 그 핵심은 주주뿐만 아니라 소비자, 근로자, 협력 업체, 지역사회 등 이해관계자를 존중하는 이해관계자 자본주의를 실현하자는 요구이다. 이런 점에서 투자자와 ESG의 관계도 균형잡힌 시각으로 볼 필요가 있다.

---

125 이용준(2022.5.4.), '[ESG리더스] "투자자 관점 경도된 ESG 탈피해야"…아모레퍼시픽이 주목한 김종대교수', 녹색경제신문

지속가능발전
견인하는 금융

'지속가능'이란 말은 ESG와 비슷한 의미로 혼용되며 쓰이고 있다. ESG는 한 마디로 환경과 사람을 돌보는 투명한 경영으로 지속가능발전을 하자는 것이다. 현행 지속가능발전 기본법은 '제2조(정의)'에서 '지속가능성'과 '지속가능발전'에 대한 정의를 이렇게 내리고 있다.

표29 지속가능발전 기본법 상 '지속가능성'과 '지속가능발전'의 정의

용어	정의
지속가능성	현재 세대의 필요를 충족시키기 위하여 미래 세대가 사용할 경제·사회·환경 등의 자원을 낭비하거나 저하시키지 아니하고 서로 조화와 균형을 이루는 것
지속가능발전	지속가능성에 기초하여 경제의 성장, 사회의 안정과 통합 및 환경의 보전이 균형을 이루는 발전

지난 2015년 9월 제70차 UN총회에서 마련된 '세계의 변혁; 지속가능발전을 위한 2030 어젠다'에서는 지속가능발전을 이루기 위한 17가지 목표^{SDGs}를 제시했다. SDGs는 인간, 지구, 번영, 평화, 파트너십 등 5개 분야로 이뤄져 있는데 목표에는 각각의 고유번호가 부여돼 있다.

표30 지속가능발전 목표(SDGs)

		목표		
인간 (People)	1	빈곤 퇴치	2	기아 종식
	3	건강과 웰빙	4	양질의 교육
	5	성 평등		
지구 (Planet)	6	깨끗한 물과 위생	12	책임 있는 소비와 생산
	13	기후변화 대응	14	해양생태계 보존
	15	육상생태계 보존		
번영 (Property)	7	깨끗한 에너지	8	양질의 일자리와 경제성장
	9	산업, 혁신과 사회기반시설	10	불평등 해소
	11	지속가능 도시와 공동체		
평화 (Peace)	16	정의, 평화, 강한 제도		
파트너십	17	목표 달성을 위한 파트너십		

경제를 발전시키는 요인에는 여러 가지가 있지만 가장 중요한 역할을 하는 것 중의 하나가 바로 금융이다. 필요한 부문에 적정

넥스트 ESG

그림10 **지속가능금융의 범위**

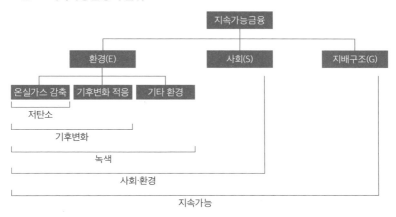

자료: 금융권 녹색금융 핸드북

한 금리로 적기에 자금을 공급하는 기능을 하기 때문이다. 결국 지속가능발전도 금융의 역할이 중요하다고 할 수 있는데 이를 지속가능금융이라고 한다. 지속가능금융은 SDGs에 기여할 수 있는 제도와 시장, 금융서비스, 상품 등으로 정의되기도 하고[G20], ESG를 감안한 투자와 금융 활동[UNEP]으로 정의되기도 한다.

지속가능발전이나 ESG를 유도하는 금융의 역할에서 현재 가장 중요하게 논의되고 있는 것은 기후변화에 대한 대응이다. 금융기관은 자체에서 배출하는 온실가스를 줄여나가야 하는 책임도 있지만, 무엇보다 자금을 빌려준 기업들이 직면한 기후변화 리스크를 주시해야 하는 입장이다. 기후변화의 부정적 여파에 따라 빌려준 돈이 부실화할 가능성에 대비해야 하기 때문이다. 기후변화로 인해 금융기관이 직면하는 위험은 크게 물리적 위험과 전환 위험으로 나뉜다. 물리적 위험은 기상이변이나 재난 등으로 금융자산의 가치가 잠식하는 것을 말한다. 전환 위험은 저탄소 경제로 옮겨가는 과정에서 금융자산의 가치가 떨어질 위험이다. 예컨대 기후 재난으로 공급망이 마비돼 전체 생산이 중단된 사례는 물리적 위험에 해당된다. 반면에 경제구조가 구조적으로 저탄소 기조로 변화하면서 화석연료 의존도가 높은 생산활동에 대한 규제가 강화됨에 따라 관련 기업의 가치가 하락하는 것은 전환 위험의 예이다. 전환 위험과 관련해 가치가 급락하는 자산을 좌초자산stranded assets [126]이라고 한다.

좌초자산의 리스크는 얼마나 클까? 한 연구 결과를 보면 파리기후협약대로 산업화 이전 대비 지구의 기온 상승 폭을 1.5℃ 이내로 억제하려면 전 세계 석유 매장량의 약 3분 1, 가스 매장량의 절반, 그리고 석탄 매장량의 4분의 3 이상이 사용되지 않은 상태로 '좌초자산'화 해야 하는 것으로 추산됐다.[127]

---

126 환경규제 강화 등으로 예상보다 수명이 단축된 자산
127 Elory Dimson 등(2020.7), 'Divergent ESG ratings'에서 재인용

표31 기후변화가 거시경제에 미치는 파급경로

		물리적리스크		이행적리스크	
		급진적 충격 (자연재해 등)	점진적 충격 (평균온도 상승 등)	온실가스 배출규제	저탄소산업 성장
수요 측면	소비	재산피해 → 부(-)의 자산효과		가격상승 → 구매력저하 [탄소집약적 제품 가격상승]	
	투자	자산 감소, 불확실성 확대		생산비용 상승	신재생에너지 등 친환경 투자 확대
	수출	공급망 교란, 경쟁력 약화, 불확실성 확대		교역조건 악화	
공급 측면	노동 공급		노동생산성 하락 [단위 생산비용 증가]		
	투입 요소		농작물 생산량 감소 [투입요소 가격 상승]		
	자본 스톡	물적자본파괴 → 자본생산여력 하락		좌초자산 증가에 따른 생산성 하락	
	기술 혁신				저탄소기술 기반 신산업 성장 [생산기술 혁신에 따른 제품 가격 하락]

자료: 한국은행

현재 국내 금융기관은 기후변화에 대한 리스크에 어느 정도 노출돼있을까? 한국은행이 분석한 '고탄소산업에 대한 금융기관의 익스포저 현황'을 보면 이를 가늠해볼 수 있다. 한국은행은 직간접 탄소 배출량을 고려한 '이행취약성 지표'를 이용해 전체 77

개 업종을 '높음·중간·낮음'으로 구분한 다음 '높음'에 해당하는 9개 업종을 '고탄소산업'으로 분류했다. 바로 1차금속, 석탄발전, 비금속 광물제품, 화학물질·화학제품, 코크스·연탄·석유정제품, 기타 운송장비 제조업, 금속광업, 섬유제품 제조업, 금속가공제품 제조업이다. 이들 9개 고탄소업종에 나간 금융기관의 자금지원 규모는 2020년 12월 기준 411조 원으로 기업에 대한 전체 자금지원의 17.4%를 차지하고 있다. 한은은 아직까지 기후변화 리스크에 대한 금융기관의 대응이 미흡하다고 평가하고 리스크에 노출된 자산에 대한 관리를 강화할 필요가 있다고 강조하고 있다.[128]

이런 상황에서 금융감독원은 스트레스 테스트를 통해 탄소배출 산업의 자산가치 하락이 금융기관의 건전성에 미치는 영향에 대한 분석을 실시했다. 분석 결과 신기술 개발 노력 없이 탄소 배출 감축 비용을 그대로 부담할 경우 2029년에 은행의 BIS 자기자본비율은 보통주 자본비율 최소 의무비율(4.5%)에 근접한 4.7%까지 떨어질 나타났다. 반면에, 재생에너지 발전과 전기차 등 신기술 개발로 적절한 대응이 이뤄진다면 자기자본비율은 2019년의 12.4%에서 11.7%로 소폭 하락에 그치는 것으로 분석됐다.[129]

---

128 한국은행(2021.3.), '고탄소산업에 대한 금융기관 익스포저 현황'
129 금융위원회·환경부(2021.1.25.), '2021년 녹색금융 추진계획(안)'

그림11 산업별 이행취약성 지표 산출결과

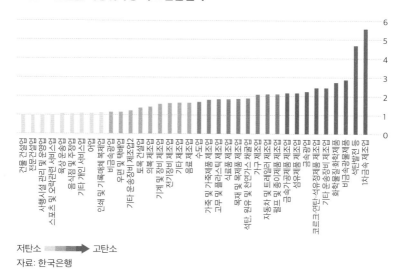

저탄소 ▬▬▬▶ 고탄소

자료: 한국은행

이는 신기술 개발에 성과가 나지 않으면 금융기관의 건전성에 빨간 불이 켜질 것임을 경고해주고 있다. 금융기관들은 실제로 물리적 위험이나 전환 위험의 가시화로 담보 자산의 가치가 하락할 경우 다양한 위험에 직면하게 된다. 보험사의 경우는 기후변화로 인한 보험사고 확률과 손실금액이 커지면 손실이 확대될 가능성이 높아진다.

기후변화로 인해 금융기관들의 건전성이 악화될 가능성이 우려됨에 따라 각국 중앙은행이나 금융당국은 어느 정도의 부정적 효과가 예상되는지를 분석하기 위해 잇따라 스트레스 테스트에 나서거나 파일럿 보고서를 발표할 채비를 갖추고 있다. 유럽연합과 영국, 호주는 테스트에 들어갔으며 싱가포르는 2022년 말부터 이를 본격적 시작할 예정이다. 이에 대비해 금융기관들은 돈을 빌려간 기업들에 기후변화가 가져올 영향에 대한 세부적 자료를 요청하고 있거나 요구할 가능성이 크다. 기업들은 투자자는 물론 금융기관으로부터 상세한 기후 관련 데이터를 공시하라는 요구에 직면하게 된 것이다.

기후변화에 대한 금융기관은 대응은 여기에 그치지 않고 있다. 먼저, 국내외 석탄화력발전소 건설을 위한 신규 프로젝트 파이낸싱이나 채권 인수 사업에 참여 중단을 결정하는 금융기관들이 늘어나고 있다. 적도원칙Equator Principles 가입도 늘어나고 있다. 적도원칙은 대규모 개발사업에 대한 환경, 사회적 리스크를 평가하는 자발적 협약으로 세계적으로 110개가 넘는 금융기관이 가입해있다. 이들 금융기관은 적도원칙이 제시한 기준을 저촉해 환경적, 사회적 리스를 유발할 것으로 우려되는 사업에 대해서는 대출을 하지 않겠다는 선언에 참여하고 있다. 금융기관들은 한편으로는 기후변화 대응 등 ESG 성과가 우수한 기업에는 대출이자를 할인해주는 등의 지원을 하기로 했다. 하지만 이는 순이자마진 감소 등을 가져올 수 있어 금융기관이 적극적으로 나설지는 미지수이다. 이에 따라 ESG 성과가 우수한 기업을 우대하는 금융기관에 대해서는 세제 혜택, 자산운용 규제 완화 등 유인책을 주는 방안도 검토할 필요가 있다는 지적도 나오고 있다.[130]

중앙은행도 기후변화가 경제와 금융시스템이 미칠 수 있는 부정적 영향을 최소화하기 위한 대응을 시작했다. 한국은행은 시중에 자금을 공급할 때 잡는 담보에 녹색채권을 추가하는 방안을 검토하고 있다. 또 외화자산을 운용하면서 ESG 자산에 대한 투자를 지속적으로 확대할 계획이다. 일단은 ESG 관련 논란의 대상이 되는 기업을 투자 대상에서 제외하되 장기적으로는 전체 자산운용 프로세스에 재무분석과 비재무분석을 통합하는 ESG 통합전략을 도입한다는 방침이다. 유럽중앙은행도 지난해 7월 시중에 돈을 풀기 위해 회사채를 사들일 때 기후변화 관련 기준을 적용하겠다고 밝히고 특히 채권 발행 기업이 파리기후협약 준수를 약속했는지를 보게 될 것이라고 공표했다.[131] 영국의 경우는 아예 영란은행 통화정책의 목표를 2050년까지 탄소중립 달성이라는 정부의 목표를 지원하는 것으로까지 확대하기도 했다.[132] 중앙은행과 금융기관의 이 같은 움직임은 일차적으로는 기후변화가 가져올 금융에 대한 부정적 영향을 최소화하기 위한 것이다.

---

130 박영석·이효섭(2021), '기업의 ESG 경영 촉진을 위한 금융의 역할', 자본시장연구원
131 Reuters(2021.7.8.), 'ECB to Flex Its Financial Muscle in Climate Change Fight
132 ROBERT SKIDELSKY(2021.7.19.), 'Should Central Banks Have a Green Mandate?', Project Syndicate

다른 한편으로는 기업들이 적극적으로 온실가스 배출을 줄여나가는 등 ESG 경영을 적극적으로 해나가도록 압박하기 위한 의도도 있다.

그러면 여기에서 금융과 밀접한 관련이 있는 기업의 신용등급이 ESG에 의해 어떤 영향을 받는지에 대해 알아보자. 신용평가는 한마디로 기업의 부채 상환 가능성에 대한 평가이다. ESG는 기업이 환경을 보호하고 이해관계자를 존중하는 투명하고 윤리적인 경영을 하는지를 들여다보는 렌즈이다. ESG를 잘못하면 리스크가 되고 잘하면 실적을 개선시키는 요인으로 작용한다. 최근 신용평가회사들은 ESG의 중요도가 커짐에 따라 신용등급 평가에 ESG를 반영하기 시작했다. 특히 신용평가회사인 S&P와 무디스는 ESG 평가 및 분석 전문성이 높은 기업을 각각 인수했다. S&P는 탄소 및 환경 데이터 등을 제공하는 트루코스트Trucost를 사들이고 로베코샘RobecoSam으로부터 ESG 평가사업을 매입했다. 무디스의 경우는 ESG 평가기업인 비지오 아이리스Vigeo Eiris, 기후변화의 경제적 리스크에 대한 정보 분석 기업인 포 투엔티 세븐 Four Twenty Seven, 중국 소재 ESG 데이터 기업인 선타오 그린파이낸스SunTao Green Finance를 인수했다. 신용평가사들은 현재 ESG를 신용등급에 영향을 미치는 독립 변수로 보고 있다기보다는 ESG가 재무 리스크에 미치는 영향에 주목하고 있다. 신용평가를 보완하는 데이터로 보고 있는 것이다. 그래도 ESG가 신용평가에 미치는 영향은 적지 않은 것으로 알려지고 있다. S&P는 지난 2020년 4월에서 12월 사이에 나온 기업의 신용평가 중 30% 이상이 ESG 요소의 영향을 받았으며 이중 14%는 환경관련 이슈인 것으로 나타났다고 밝혔다. 무디스가 2019년에 실시한 신용평가 중 33%에서는 ESG가 신용평가 시 중요한 고려 변수로 작용했다. 피치의 경우는 신용평가 중 25%가 한 개 또는 두 개 이상의 ESG 요소에 의해 영향을 받은 것으로 분석됐다.[133] 피치는 특히 지난 2019년에 ESG 연관성 점수Relevance Score라는 지표를 개발한 다음 1만 1,000개가 넘는 채권발행 기업, 금융기관, 국가, 인프라 투자 등을 대상으로 이 점수를 발표했다. 피치 ESG 연관성 점수는 신용평가에 대한 ESG 리스크의 연관성과 중대성을 반영해 매겨지고 있는데 1점에서 5점까지 5단계로 이뤄져 있다.[134]

실제로 ESG가 신용평가에 영향이 미치는 사례들이 잇따라 나오고 있다. S&P는 2020년 4월에 이산화탄소 목표치에 대한 EU 법률을 위반했다는 이유로 한 자동차 OEM 기업의 신용등급을 하향조정했다. 또 2021년 1월에는 석유와 가스산업을 부정적 감시 대상에 올려놓기도 했다.

---

133 ING(2021.2.22.), 'ESG and credit ratings agencies; The pressure accelerates'
134 Mervyn Tang 등(2021.1.15.), 'ESG Credit Trends 2021', Fitch Ratings

표32 피치 ESG 적절성 점수의 정의

점수	적절성	정의
1	영향 없음 (No impact)	기업, 거래, 프로그램 평가에 부적절하고 섹터에도 부적합
2	영향 없음 (No impact)	기업, 거래, 프로그램 평가에 부적절하지만 섹터에는 적합
3	작은 영향 (Low impact)	신용평가에 최소한으로 적절. 매우 작은 영향을 미침. 또는 기업, 거래, 프로그램의 신용평가에 적극적으로 관리된 결과를 가져오지는 못함.
4	중간 영향 (Medium impact)	기업, 거래, 프로그램 평가에 적절하지만 핵심 요인은 아님. 다른 요소와 함께 신용평가에 영향을 미침.
5	많은 영향 (High impact)	매우 적절. 기업, 거래, 프로그램의 신용평가에 개별 지표 기준으로 중대한 영향을 미치는 핵심 요인임.

자료: Fitch Ratings

이제 기후변화 대응을 포함한 ESG는 단지 기업경영의 이슈에만 그치고 있지 않다. 리스크와 수익을 동시에 관리하기 위한 투자자들의 중대한 이슈가 됐음은 물론 금융기관이 주도하는 지속가능금융, 중앙은행의 통화정책, 그리고 신용평가에서도 중요한 변수로 자리를 잡아가기 시작했다. 새로운 경제질서화하고 있는 것이다.

ESG와
거시경제

과거의 '사업보국 1.0'은 양적 성장 그 자체였다고 할 수 있다.

앞으로 기업이 추구해야 할 '사업보국 2.0'은

질적인 성장과 경영이 될 것이다.

재무적 가치와 같은 비중으로 사회적 가치를 창출하는

지속가능경영을 해야 한다는 것이다.

고객, 근로자, 거래기업, 지역사회 등

이해관계자를 존중하는 이해관계자 자본주의와

가치사슬 전반에서 환경과 사회, 지배구조를

개선해 새로운 가치를 만들어 내는 ESG 경영이

여기에 해당한다고 할 수 있다.

美·EU
'ESG 동맹'

ESG가 지금까지 논의돼온 과정을 보면 산업 부문별로, 그리고 지역별로 깃발을 든 선두주자가 있다. 산업부문에서는 투자기관이 앞장을 섰다. 이들 기관은 ESG 평가가 나쁜 기업은 리스크가 크다고 보고 기업에 ESG 경영을 강하게 압박하고 있다. 지역별로는 단연 EU유럽연합. 기후변화 억제 등에 대해 회원국 간 공감대가 확산되면서 관련 제도를 차근차근 마련해왔다. 미국은 트럼프가 지구온난화 자체를 인정하지 않고 파리기후협약에서 탈퇴한 후 역주행을 했다. 하지만 친환경 바이든 행정부가 들어서면서 ESG의 가치를 향해 스퍼트를 시작했다. 세계 최대 탄소 배출국인 중국은 어정쩡한 상황이다. 글로벌 2위 경제 대국으로서의 책임을 의식해 2060년 탄소중립을 약속했지만, 탄소 의존도가 높은 '중속中速 성장'을 지속하는 게 불가피해 갈 길이 멀다. 이런 상황에서 '선발대'인 EU에 미국이 합류하면서 美·EU 'ESG 동맹'이 뜰 가능성이 엿보이고 있다. 중국의 부상을 억제하기 위해 중국이 취약한 ESG를 압박 수단으로 추가하는 게 효과적인 '수手'이기 때문이다. ESG를 둘러싼 미국과 EU, 그리고 중국의 계산법을 들여다보자.

ESG에 관한 한 퍼스트 무버는 EU이다. 오는 2030년까지 1990년 대비 탄소 배출량을 55% 줄이기로 한 EU는 이를 추진하기 위한 법안 '핏포 55Fit for 55'를 최근 발표했다. 핵심은 철강, 알루미늄, 비료, 전기, 시멘트 수입 제품 등을 대상으로 역내 제품보다 탄소 배출량이 많은 만큼 '탄소국경조정세'를 부담시키겠다는 것이다. 이뿐만이 아니다. 영국, 프랑스 등 10여 개 유럽 국가는 탄소세(탄소 배출량에 대해 일정액의 세금 부과)를 이미 시행하고 있다.

EU는 무엇보다 ESG를 착근시키기 위해 다양한 제도적 인프라를 선도적으로 '장착'해왔다. 먼저 환경 등 비재무 정보의 공개가 의무화돼있다. 지난 2017 회계연도부터 EU 내 근로자 500 명 이상의 상장법인과 은행, 보험회사 등이 이 조치의 적용을 받고 있다. 특히 EU 의회는 지난해 11월에 기업 공급망 안에서 환경과 인권 등을 침해하는 활동이 존재하는지를 확인하고 문제가 파악

될 땐 이를 개선하도록 하는 내용의 법안을 발표했다. 이 법이 시행되면 EU 기업의 공급망에 참여하고 있는 한국 등 외국 기업에 커다란 부담이 될 것으로 우려된다. 무역협회는 "공급망 내 기업이 비재무 정보 제공을 거부하면 공급망 선정에서 제외될 위험이 있다"고 지적하고 있다.

투자 상품에 대한 규제도 촘촘하다. 금융기관들은 투자 상품을 판매할 때 해당 자산운용이 온실가스 배출, 유해폐기물, 인권 보호 등 18개 지속가능 지표에 미치는 영향을 공시하는 게 의무화돼있다. 금융기관 자금이 ESG를 잘하는 기업으로 흘러 들어갈 수 있도록 유도하는 게 목적이다. EU는 또 환경적으로 지속가능한 경제활동을 판별하기 위한 분류 기준을 가장 먼저 제시했다. 여기에 들어가는 기준은 모두 6가지로 기후변화 완화, 해양자원의 보호, 오염 방지, 생물다양성과 생태계 보호 등이다.

이렇듯 EU가 글로벌 ESG 흐름을 견인하고 있는데 비해 미국은 뒤늦게 시동이 걸린 '후발주자'다. 트럼프 재임 기간 중 기후변화나 환경, ESG 같은 말은 입도 뻥끗할 수 없는 분위기였기 때문이다. 바이든 행정부 출범 이후 미국은 '친ESG, 친환경'으로 급선회하고 있다. 이와 관련해, 지난 2021년 6월 16일 미 하원에서는 의미가 큰 법안이 통과됐다. '2021 ESG 공시 단순화 법'이 바로 그것. 이 법안은 상장사들이 경영과 공급체인 전반에 ESG가 반영돼 있음을 공시하는 것을 의무화하고 있다. 해마다 주주총회에서 ESG가 기업의 장기 사업전략에 어떤 영향을 미치고 있는지 설명하도록 하는 내용도 담겨 있다. 특히 이 법안은 미국 증권거래위원회SEC가 ESG 측정 지표와 공시 과정을 구체화하는 데 있어 국제적으로 인정된 기준을 활용하도록 허용하고 있다. EU와 ESG 연대를 하기 위한 포석을 깔아놓은 조항이다. EU가 추진 중인 탄소국경조정세와 관련해서도, 미국은 맞장구를 치고 나섰다. 민주당은 2024년부터 화석연료, 알루미늄, 철강, 시멘트 등 수입품에 탄소세를 부과하는 것을 골자로 한 공정거래 및 경쟁법안을 공개한 바 있다.

이런 분위기 속에서 증시 정책을 총괄하는 SEC의 발걸음도 빨라지고 있다. SEC는 ESG가 국제적 이슈라고 규정하고 글로벌 지속가능 회계 표준을 마련하고 있는 국제회계기준IFRS 재단을 지지한다는 입장을 밝혔다. SEC는 이와 별도로 기후 및 ESG 태스크포스를 가동하고 있으며 기후변화와 ESG 관련 기업 공시를 크게 강화한다는 계획이다. 사령탑인 백악관도 공격적인 스탠스를 취하고 있다. 발 빠르게 행정명령을 통해 현안 해결에 속도를 내고 있는 바이든 대통령은 지난해 5월 20일에는 기후변화가 금융시스템과 연방정부, 주택 소유자, 소비자, 기업, 그리고 근로자에 미치는 리스크를 분석하고 이를 완화하기 위한 대책을 세울 것을 관련 기관에 지시했다. 특히 기후 관련 공시를 개선하도록 하라고 명령했다. 이에 따라 미 행정부의 종합대책이 나오면 ESG와 기후변화에 대응하는 미국의 수위와 속도도 크게 높아질 것으로 예상된다.

이에 비해 ESG에 대한 중국의 속내는 선명하지 않다. 탄소중립이라는 국제적 대의에는 동참했지만, 탄소 의존도가 높은 산업 구조상 현실적 발걸음은 머뭇머뭇할 수밖에 없는 상태다. 목표와 실제의 괴리는 석탄발전 현장에서 분명하게 나타나고 있다. NGO인 글로벌 에너지 모니터는 지난 2020년에 중국이 발주한 석탄발전량은 38.4기가와트^{GW}를 기록했다고 밝혔다.[135] 다른 국가들이 가동을 중단한 석탄발전량이 37.8GW에 이르는 것과 대조적이다. 중국은 탄소중립 선언에도 불구하고 지금은 석탄발전량을 계속 늘리고 있다. 이는 지방정부의 성적표가 성장 실적치에 좌우되는 구조여서 이들이 온실가스 배출 감축에 소극적인 태도를 보이고 있기 때문이라는 분석이다.[136] 중국은 기온 상승폭 1.5℃ 억제를 내건 파리기후협약의 조건에서 더욱 멀어졌다고 이코노미스트지는 평가하고 있다.

---

135 The Economist(2021.4.7.), 'The world is kicking its coal habit. China is still hooked'
136 The Economist(2021.6.17.), 'China's climate sincerity is being put to the test'

인권 문제에 있어서도 중국은 국제적 비판에 직면해있다. 신장 위구르 소수민족에 대한 인권 탄압이 ESG 평가에 부정적 영향을 미치고 있다. 캐나다에서는 공적연금이 인권 침해와 관련이 있는 중국 기업에 대해 투자를 하는 데 대해 비판적인 의견이 제기되고 있다.[137] 중국의 지배구조도 글로벌 기준과는 거리가 있다. 세계은행이 평가한 거버넌스 지수를 보면 중국은 상위권에 오른 정부 효율성을 제외하곤 부패 통제, 법의 지배, 규제의 질 등에서 하위권에 머물고 있다. 기업지배구조에 있어서도 국영 기업이 많은 상태인데다 이사회의 독립성이 결여돼있고 소수주주권이 보호되지 않는 문제를 드러내고 있다. 그 결과 ESG 평가가 취약한 수준에 그치고 있다. 대표적 지표인 FTSE포굿4Good을 보면 중국은 5점 만점에 불과 1.5점으로 선진국의 3점은 물론 개도국의 2.1점에도 미치지 못하고 있다. ESG를 중시하는 UN 책임투자원칙PRI에 서명한 기업 수도 미국(786개), 영국과 아일랜드(699개), 프랑스(313개)에 크게 밑도는 58개에 불과하다. 중국 정부가 최근 ESG 공시 기준을 개선하고 기업들의 관심도 높아지고 있지만 앞으로 해결해야 할 숙제가 적지 않은 것이다.

결국 ESG에 대해 미국과 EU, 중국 모두 같은 목소리를 내는

---

137 Star Editorial Board(2021.7.7.), 'Canada's pension plan can't ignore human rights in investments', TORONTO STAR

것처럼 보이지만 그 온도 차는 뚜렷하다. 미국과 EU는 공세, 중국은 수세인 것이다. 이런 상황에서 미국과 EU는 ESG와 기후변화에 대해 공감 폭을 넓히면서 연대하려는 움직임을 보이고 있다. ESG를 새로운 국제질서를 짜기 위한 도구로 추가할 가능성이 점쳐지고 있다. EU가 선수를 친 탄소국경조정세에 대해서는 미국도 동조하는 모습을 보이고 있다. 이에 중국은 반발하고 있다. 미국은 압박의 강도를 높일 태세다. 국제통화기금IMF과 세계은행 등 국제기구를 앞세워 탄소중립을 강력하게 추진해나간다는 계획이다. 포린 폴리시는 미국과 EU가 의욕적인 온실가스 감축 목표를 설정한 다음 탈탄소를 위해 함께 노력해야 한다면서 특히 철강, 자동차, 항공기 등 산업에서 친환경 제품을 생산하기 위해 공조해야 한다고 강조했다. 앞으로 미국과 EU는 이 같은 기후변화 대응은 물론 ESG 평가기준 표준화와 공시기준, 녹색경제 분류 체계, 지속가능금융 등 국제적 규칙을 정하기 위해 '환대서양 동맹체제'를 가동할 것으로 예상된다.[138][139] 환경, 사회, 지배구조 등 ESG의 대부분 항목에서 약세인 중국으로선 미국의 기술 견제에 이어 또 하나의 방어막에 직면하게 되는 셈이다.

---

138 ANA PALACIO·SIMONE TAGLIAPIETRA(2021.6.3.), 'A Transatlantic Cimate Alliance', Project Syndicate
139 WILLIAM NORDHAUS(2015), 'Climate Clubs; Overcoming Free-riding in International Climate Policy', American Economic Review

이런 상황에서 앞으로 변수가 될 것으로 보이는 것은 미국이 ESG와 기후변화에 대해 지금의 입장을 일관되게 보일 수 있을까 하는 점이다. 바이든 행정부가 들어서면서 기후변화와 ESG 관련 정책에 본격적으로 시동이 걸리긴 했지만, 공화당이 이를 정치 이슈화하고 나섰기 때문이다. 차기 대선후보군에 들어갈 것으로 보이는 마이크 펜스 전 부통령은 대형 투자은행들이 '급진적인 ESG 어젠다'를 밀어붙이고 있다고 비판하고 나섰다. 펜스의 이 같은 발언은 ESG를 선두에서 주도하고 있는 블랙록을 겨냥한 것으로 해석되고 있다. 이뿐만이 아니다. 공화당 주지사가 선임된 켄터키주, 텍사스주, 그리고 웨스트 버지니아주는 금융회사들이 석유, 가스, 석탄기업과의 거래를 제한하는 정책을 시행하고 있는지를 밝힐 것을 요구하는 법안을 통과시켰다. 이 법은 여기에 이의를 제기하는 금융회사에 대한 영업허가를 취소할 수 있도록 했다.[140] 화석연료 기업을 압박하지 않도록 압박을 가하고 있는 것이다. 11월의 중간선거와 2024년 대선을 앞두고 공화당의 이 같은 움직임은 적어도 미국 내에서의 ESG 경영과 투자의 전망에 중요한 영향을 미치는 요인이 될 것으로 보인다. 11월 중간선거 결과 공화당이 다수당이 될 경우, 또 2024년 대선에서 공화당 후보가 백악관에 들어갈 경우 ESG와 기후변화 정책이 약화

---

140 Jeff Green·Saijel Kishan(2022.5.20.), '; ESG Investing', INSURANCE JOURNAL

될 가능성을 배제할 수 없기 때문이다. 하지만 그럼에도 불구하고 ESG 이슈가 수그러들기는 어려울 것이라는 의견도 적지 않다. 이미 대규모 자금이 ESG 투자 쪽으로 흘러 들어가 있는 데다 기후 위기 등에 대한 두터운 공감대로 관련 제도가 속속 도입되면서 ESG가 새로운 경제질서화하고 있어 이를 되돌리기는 어려울 것이라는 관측이다. 특히 미국 내 여론조사 결과를 보면 민주 공화 양당 지지자 모두 기후위기 대응과 ESG에 대해서는 지지하는 입장을 보이고 있다. 정치적 상황에 따라 감속減速은 될 수 있을지 몰라도 큰 틀에서 ESG라는 대세에는 변화가 없을 것이라는 얘기다.

어쨌든 지금으로서는 미국과 EU가 ESG 정책을 공조하면서 중국을 협공해나갈 공산이 크다. 대외 의존도가 높은 우리 경제 입장에서는 이같이 ESG가 새로운 기업경영의 패러다임을 넘어 신新국제 경제질서로 굳어질 가능성에 대비해야 한다. 무엇보다 글로벌 규칙이 확정되기 전에 논의 과정에 적극적으로 참여해 한국경제와 기업이 감당하기 어려운 부담을 피하기 위한 선제 대응을 하는 게 긴요하다. 전경련이 지속가능보고서 국제기준 제정 작업에 들어간 IFRS의 움직임과 관련해 비재무 정보를 무리하게 재무 정보화하면 기업이 심각한 소송 리스크에 노출된다면서 자율 공시가 바람직하다는 의견을 제시한 것은 이런 맥락에서 이뤄진 것이다. 이렇듯 필요한 목소리를 내고 토의 테이블에 같이 앉아 한국의 현실을 반영한 국제 표준이 만들어지도록 노력해나가는 게 큰 과제로 우리에게 주어져 있다.

'분기 자본주의'의 개혁

맞는 말인데 실행이 어려운 과제가 적지 않다. '맞는 말'이라는 것은 적어도 '정답'으로 가는 길을 가리키고 있다는 얘기다. '실행이 어렵다'는 것은 현실적인 동기부여가 쉽지 않거나 장애물이 적지 않다는 뜻이다. 대표적인 이슈는 기업이 장기가치를 추구해야 한다는 주장. 단기 이익만을 늘리기 위해 매몰되다 보면 장기적 체력을 훼손하게 되니 멀리 보는 경영을 해야 한다는 주문이다. 실제로 요즘 많이 언급되는 ESG나 이해관계자 자본주의가 지향하는 것은 기업의 장기가치 제고이다.

문제는 이상과 현실의 차이에 있다. 아무리 장기가치를 키우라는 지적이 많아도 당장 눈앞만 보는 경영을 할 수밖에 없는 여건이라면 '말 따로, 현실 따로'의 왜곡이 일어나기에 십상이다. 실제로 기업들은 단기 이익을 극대화하라는 시장의 압력에 직면해 있다. 분기마다 시장은 수익 기대치를 제시하고 기업은 이를 충족시키기 위해 '올인'하는 게 경영의 솔직한 현주소임은 부인할 수 없다. 분기 목표를 맞추지 못하면 시장은 주가 하락으로 채찍질을 해댄다. 앨 고어 전 미국 대통령은 지난 2013년 『우리의 미래』라는 저서에서 이 같은 현상을 '분기 자본주의'로 부르며 단기 이익에만 치중하는 경영이 경제 전체의 건강성을 해치고 장기 전략에 타격을 주고 있다고 비판했다.[141] 유럽연합EU도 같은 목소리를 내고 있다. EU는 2020년 7월에 내놓은 한 보고서를 통해 기업이 단기적 주주가치를 극대화하는 데만 초점을 맞춤으로써 장기가치를 희생시키고 있다며 정책 당국의 개입이 필요한 시점이라고 진단했다. 그러면서 순익 중 배당금의 비율이 1992년의 1%에서 2018년에는 4%로 올랐지만, 수익 대비 연구개발 투자의 비중이 계속 하락하는 추세에 대해 우려를 나타냈다.

'단견短見 경영'은 무엇보다 CEO가 일할 수 있는 기간이 짧은 탓이 크다. 당장 연말에 짐을 싸야 할지 모르는 압박이 있는 상황에서 앞날을 내다보는 경영을 하라고 하는 요구는 나무에

---

141 엘 고어(2014.4), 김주현 옮김, '앨 고어 우리의 미래:불편한 미래를 바꿀 선택', 청림출판사

넥스트 ESG

서 고기를 구하라고 하는 연목구어緣木求魚의 모순일지도 모른다. CEO스코어가 지난 2010년 이후 국내 전·현직 대표이사 1,582명을 대상으로 조사한 결과 전문 경영인의 평균 재임 기간은 3.6년에 불과했다. 사주 일가가 대표이사를 맡은 경우(11.7년)에 비해 8년여가 짧았다. 불과 1, 2년 만에 자리를 비우는 CEO도 적지 않았다. 부진한 단기 실적에 대한 문책 인사가 대부분일 것이다. 그러나 조급한 경영진 교체는 오히려 실적 개선에 도움이 되지 못한다는 게 정설이다. 자본시장연구원이 71개 증권회사 CEO의 재임 기간과 경영 성과를 분석한 결과 장기 재임에 성공한 CEO들은 1, 2년 차에서는 두각을 나타내지 못했지만 3년 차 이후 우수한 성과를 올리기 시작한 것으로 나타났다. 2~3년은 CEO가 자신의 비전과 철학을 구현하기에 짧은 기간이라는 게 이 연구원의 주장이다. LG 경제연구원도 같은 맥락의 의견을 내놓았다. 상장기업 CEO들은 재임 기간이 길어질수록 경영 실적이 개선되다가 4년에서 7년 사이에 경상이익률의 정점을 기록했다는 것이다.

단기간에 무언가를 보여줘야 한다는 경영의 강박관념은 시장, 즉 주주의 압박에서 오는 것이다. 속내를 들여다보면 여기에서 심각한 문제가 드러난다. 주주의 실체를 들춰보자. 유진투자증권의 분석을 보면 개인투자자들의 평균 주식보유 기간은 지난

2014년의 5.2개월에서 2021년에 2.7개월로 절반 수준으로 줄어들었다. 기관과 외국인도 상황은 마찬가지. 지난해 기관의 보유 기간은 4.1 개월, 외국인은 9.9개월에 그치고 있다. 미국도 1970년대만 해도 주주들은 주식을 평균 7년 동안 가지고 있었지만, 그 기간이 7개월로 단축된 것으로 나타났다. 특히 주식을 단지 수 초간만 들고 있다가 바로 팔아치우는 '초스피드' 트레이더의 비중도 상당히 높다. 결국 시장의 압박이라는 것도 따지고 보면 주식을 채 1년도 보유하고 있지 않은 이들 주주들을 의식하는 것에 지나지 않는다. 기업의 장기가치에는 관심조차 가지지 않은 단기 주주들에게 경영이 휘둘리는 것은 정상이 아니다.

일부 기업의 경우 시장에 저항하며 '모범'을 보이기도 했다. 유니레버와 코카콜라는 아예 분기 실적 발표를 중단했다. 이 조치로 헤지펀드의 유니레버 지분율은 3년 사이에 15%에서 5%로 떨어졌다. 이게 주가 안정에 기여했다는 평가를 받고 있다. 휴렛 패커드의 CEO를 맡았던 칼리 피오리나는 생생한 증언을 했다. 피오리나는 2000년 4분기에 목표를 달성하지 못하자 사임 압박을 받았다. 그녀는 '숫자 놀음'을 통해 실적을 미화美化할 수도 있었지만, 그 유혹을 뿌리쳤다. "CEO의 의무는 분기별 수익을 지키는 게 아니라 회사를 지킴으로써 향후 10년간 지속가능한 가치를 제공하는 일이다"[142] 당당한 소신이지 않은가.

　　이렇듯 기업의 시선이 단기에서 적어도 5~7년의 중장기로 옮겨가기 위해서는 어떤 변화가 필요할까? 먼저 기업 바깥에서는 연기금 등 장기투자자의 역할이 중요하다. 대형 자산운용사인 블랙록이 최근 투자기업에 기후 변화 대응 등 행동에 나설 것을 요구하고 있듯이 기업이 장기가치를 지향하도록 유도하는 것은 이들 투자자의 몫이다. 제도적으로는 주식을 더 오래 보유할수록 더 많은 의결권을 허용하는 방안도 검토돼야 한다. 일부 프랑스 기업들이 주식을 1년 이상 보유한 주주들에게 복수의 의결권을 부여하는 것은 좋은 참고 사례가 될 수 있다. 또 미국의 일부 전문가들은 증권거래위원회SEC에 단기 경영을 부채질하는 분기 실적 발표를 폐지할 것을 건의하기도 했다. 이 사안은 투자자 보호 문제와 맞물려 신중한 접근이 필요해 보이기도 한다. 세제 대응도 대안으로 제시되기도 했다. 지난 2015년 힐러리 클린턴은 주식 장기 보유를 유도하기 위해 매입 후 2년 이내 매각 차익에 대해서 과세하는 안을 제안한 바 있다. 더 큰 틀에서 EU는 기업이 장기적 목표와 환경적 지속가능성을 추구하도록 회사법을 개정해야 할 필요성을 역설해 귀추가 주목된다.

――――

142 코피아난·칼리 피오리나 등(2004), 'MIT 경영의 미래', 국일 증권경제연구소

기업 내부의 본질적 변화도 긴요하다. 이와 관련해 미국의 재계 단체인 비즈니스라운드테이블^{BRT}이 2019년 8월에 발표한 '기업의 목적에 대한 성명'을 주목할 필요가 있다. 이 성명에서 BRT는 주주를 위한 장기적 가치 창출을 강조함으로써 '단기주의' 탈피를 공식화했다. 이게 실제 경영에서 가시화할지는 지켜볼 일이다. 변화는 선언으로 완성되는 게 아니기 때문이다. 뚜렷한 변화를 이루기 위해서는 CEO와 이사회가 앞장서야 한다. 먼저 CEO는 유니레버 등의 사례처럼 장기가치의 희생을 초래하는 단기경영 요구에 대항하는 용기를 보여줘야 한다. 이와 관련해 지난 8월 영국의 석유회사인 BP가 내린 의사결정은 모범적인 사례로 평가할 수 있다. 당시 BP는 160억 달러의 분기 손실을 기록해 배당도 절반으로 줄이는 등 경영이 위기 상황이었다. 그런데도 BP는 태양열, 풍력, 수소 등 재생에너지에 연간 50억 달러를 투자하겠다는 계획을 발표했다. 이 발표로 주가는 오히려 7% 이상이 올랐다. 대표적 화석연료 기업인 BP가 리스크를 줄이기 위해 담대하게 행동하려는 점을 시장이 높이 평가한 것이다.

공시를 통해 장기 경영계획을 투자자들에게 꾸준히 설명하는 노력도 필요한 것으로 지적되고 있다. 기업의 목적에 대한 자문기관인 CECP는 장기계획 공표가 지나치게 단기 중심으로 운영돼 온 기존 공시를 장기적 관점으로 전환시키면서 투자자가 필요한 정보를 제공하는 중요한 계기가 될 것이라고 긍정적으로 평가하고 있다. 이사회의 적극적인 역할을 주문하는 목소리도 많다. 전 매킨지 파트너인 도미닉 바튼은 경영전략에 영향을 미치고 있다고 생각하는 비상임 이사의 비율이 불과 43%에 그치고 있다며 이사들이 보다 많은 시간을 경영 현황을 파악하는 데 투입하라고 촉구했다. 이사회가 경영진에 대한 보상을 설계할 때 장기적 성과에 연계하라는 것도 자주 나오고 있는 주문이다.

중요한 점은 중장기 경영을 중시하는 기업이 실제로 더 나은 성과를 보이고 있느냐 하는 것이다. 다수의 연구가 이 질문에 대해 긍정적인 답을 제시하고 있다. 앞에서 소개한 분석 결과 대로 재직 기간이 긴 CEO일수록 더 나은 경영 성과를 내고 있다. 또 로버트 애클리스 하버드대 경영대학원 교수 등 연구진은 미래를 내다보는 지속가능성을 중시하는 기업이 주가수익률과 재무적 실적 면에서 그렇지 않은 기업보다 훨씬 좋은 결과를 보였다고 밝혔다. 예컨대 1993년에 '고高 지속가능' 기업에 1달러를 투자하면 이 돈이 2010년에 22.6 달러로 불어난 반면 '저低 지속가능' 기업은 15.4 달러에 그치는 것으로 나타났다는 것이다.

장기 경영은 단지 기업경영의 시야를 넓히고 더 건강한 구조의 실적을 내는 차원에 그치지 않는다. 신자유주의 이래 극심해진 단기 위주 경영이 양극화 심화 등 큰 부작용을 가져온 만큼 단기를 지양하고 장기를 지향하는 경영의 변화는 자본주의를 개혁하는 차원의 이슈이기도 하다. 하지만 단기는 '현찰'이고 장기는 '약속어음'이다. 만만치 않은 '현찰'의 힘을 적절하게 통제하지 않으면 우리는 우아하게 '장기'를 얘기하면서도 계속 '단기의 중력'에 발목이 묶여있게 될 수도 있다.

●● ●

'사업보국^{事業報國} 2.0',
지속가능경영

　지난해 3월 31일에 열린 제48회 상공의 날 기념식은 정부와 기업의 '공통 인식'이 확인된 자리였다. 이날 기념사에서 문재인 전 대통령은 ESG를 중시하는 따뜻한 자본주의, 이해관계자를 끌어안는 새로운 자본주의, 그리고 지속가능발전을 구체적인 변화의 방향으로 제시했다. 이날 기념식에 앞서 있은 환담에서 대한상의 회장인 최태원 SK그룹 회장은 문 전 대통령에게 "경제 회복을 위해 다양하게 기업의 의견을 수렴해 나가겠다"면서 "사업보국을 기업가 정신의 가장 중요한 덕목으로 생각하고 있다"고 밝혔다. 기업이 사업을 통해 나라에 보답하는 책임과 역할을 다할 것을 다짐한 것이다.

이날 최 회장의 발언으로 사업보국이라는 기업의 소명이 모처럼 귀환했다. 사업보국이 처음 공식화된 것은 삼성그룹의 창업 이념이 담긴 1973년의 '삼성 제2차 경영 5개년 계획'이었다. 삼성의 창업주인 이병철 회장은 사업보국과 인재제일, 합리추구를 그룹의 경영이념으로 제시했다. 이병철 회장은 1987년 한 매체에 기고한 글에서 사업보국에 대한 자신을 생각을 이렇게 정리했다. "인간 사회에 있어서 최고의 미덕은 봉사라고 생각한다. 인간이 경영하는 기업의 사명도 의심할 여지없이 국가, 국민, 그리고 인류에 대하여 봉사하는 것이어야 한다" 이에 앞서 1984년에 삼성 인력개발원이 펴낸 '삼성 이해'는 좀 더 구체적인 얘기를 하고 있다. "기업이 사업 활동을 하는 데는 여러 종류의 관계 분야가 있다. 원료를 구입하는 구입처를 비롯해서 자금을 제공해 주는 주주와 은행, 제품을 사주는 일반 수요자와 단골 고객, 이 밖에도 지역사회 등 수많은 상대와 갖가지 형태의 관계를 지니면서 기업을 경영하고 있는 것이다. 이와 같이 수많은 관계자들을 희생시키면서 자기만의 발전을 꾀하는 일은 허용되지 않는다"

기업의 목적은 가능한 돈을 많이 벌어 주주 이익을 극대화하는 것이라는 내용의 밀튼 프리드먼 독트린이 발표된 게 1970년인데 비슷한 시기에 한국에는 전혀 다른 생각을 하는 기업인이 있었다는 게 흥미롭다. 어쨌든 사업보국을 소환한 최태원 회장 입장에서는 부친인 고 최종현 회장도 실천한 이 정신의 맥을 되살리고 본인이 강조해온 기업의 사회적 가치 창출을 한국 기업이 지향해야 할 새 좌표로 제시하고자 하는 의욕이 강한 것으로 보인다.

하지만 사업보국을 재가동하기 위해서는 한국 기업을 바라보는 사회의 냉정한 시선을 직시해야 한다. 글로벌 커뮤니케이션 기업인 에델만이 2020년 11월에 한국을 포함한 27개국에서 3만 3,000명을 대상으로 실시한 '2021 신뢰지수' 조사 결과를 보자. 먼저 기업 전반의 신뢰도. 글로벌 평균은 61%이고 1위는 82%를 기록한 인도이다. 한국은 불과 47%로 맨 뒤에서 세 번째에 머물렀다. 에델만은 기업이 불신을 받는 나라로 한국, 일본, 러시아 3개국을 들었다. 또 다른 조사 결과는 더욱 심각하다. 근로자들에게 고용주에 대한 신뢰도를 물었더니 한국은 58%로 27개국 중 꼴찌였다. 글로벌 평균은 76%이고 1위는 인도네시아(92%)이다. 에델만은 27개국 고용주의 신뢰도를 신뢰, 중립, 불신으로 분류했는데 26개국은 모두 '신뢰'로 평가된 데 비해 한국만 유일하게 '중립' 판정을 받았다. 조사 대상 고용주는 기업, NGO, 정부, 미디어인데 기업 고용주에 대한 평가를 상당 부분 반영하고 있다고 봐도 무리가 없을 듯하다.

한국 기업은 왜 이런 평가를 받게 된 것일까? 기업인으로서는 한강의 기적을 이뤄내고, 해외 시장을 누비고, 많은 일자리를 만들어 냈는데 평가가 너무 박하지 않나 하는 생각을 할 수도 있을 것이다. 하지만 현실은 현실이다. 낙수효과가 사라지면서 기업의 성장이 국민 전반의 삶의 풍요로 연결되지 않고, 양극화가 심화되고, 정경유착 등 부정적 사례가 끊이지 않으면서 기업을 보는 곱지 않은 시선이 형성된 것이다. 기업은 사업보국을 해왔다고 할지 모르지만, 기업 내외부의 시선은 그렇지 않은 상태이다.

이는 결국 과거의 '사업보국 1.0'과 앞으로의 '사업보국 2.0'이 본질적으로 달라야 함을 말해주고 있다. 경제개발 초기에서 중진국으로 오는 과정에서는 성장이 '지상과제'로 여겨졌던 만큼 환경 훼손과 인권 침해 등 부정적 측면들이 심각하게 다뤄지지 않았다. 특히 외환 위기 이후 신자유주의가 강제 수입되면서 기업은 자본시장의 요구대로 성장하고 이익만 많이 내면 된다는 사고가 지배적이었다. 하지만 한국경제가 선진국 그룹에 속한 지금 성장을 바라보는 시선이 크게 바뀌고 있다. '세계행복보고서 2020'은 이와 관련해 중요한 시사점을 던져주고 있다. 이 보고서는 경제개발 수준이 낮은 단계에서는 성장 자체가 국민의 행복도를 높이지만, 국가가 부유해질수록 불평등을 해소하고 환경의 질을 개선하는 등 지속가능한 성장을 하지 않으면 행복도는 정체된다고 진단하고 있다. 다시 말해, 빠른 성장보다는 미래의 성장 잠재력을 훼손하지 않는 건강한 성장이 국민의 행복을 증진한다는 얘기다. 세계경제포럼WEF의 클라우스 슈밥 회장도 저서 『위대한 리셋』에서 같은 관점의 주장을 펴고 있다. 슈밥은 포스트 코로나 시대에 저성장이 '뉴노멀'로 자리잡을 것으로 보이는 상황에서 성장에 집착하는 게 유용한지에 대해 의구심을 가질 수 있다고 문제를 제기한다. 그는 특히 세계 지도자들이 시민과 지구의 행복에 더 집중하고 우선순위를 두어야 한다고 역설한다. 그동안 경제 번영의 지표로서 GDP국내총생산에 과도하게 의존한 결과 자연과 사회자원 고갈이라는 문제가 발생했는데 이제는 이를 치유해야 한다는 것이다.[143]

이렇게 보면 과거의 '사업보국 1.0'은 양적 성장 그 자체였다고 할 수 있다. 앞으로 기업이 추구해야 할 '사업보국 2.0'은 질적인 성장과 경영이 될 것이다. 재무적 가치와 같은 비중으로 사회적 가치를 창출하는 지속가능경영을 해야 한다는 것이다. 고객, 근로자, 거래기업, 지역사회 등 이해관계자를 존중하는 이해관계자 자본주의와 가치사슬 전반에서 환경과 사회, 지배구조를 개선해 새로운 가치를 만들어 내는 ESG 경영이 여기에 해당한다고

---

143 클라우스 슈밥·티에리 말르레(2021.2), '클라우스 슈밥의 위대한 리셋', 메가스터디북스

할 수 있다. 이와 관련해서 눈여겨봐야 할 것은 유엔이 지난 2015년에 채택한 17개 항목의 지속가능개발목표^{SDGs}이다. 맑은 물과 위생, 청정에너지, 불평등 완화, 지속가능한 도시, 책임 있는 소비와 생산, 기후변화 대응, 해양생태계 보존 등이 여기에 포함돼있다. SDGs는 유엔이 2030년까지 달성하기로 한 의제로 해마다 고위 포럼에서 진행 상황을 점검하고 있다. 글로벌 차원에서 본격적으로 추진되고 있는 SDGs는 기업 입장에서 보면 사회적 가치 창출이 재무적 가치 못지 않게 중요하게 부각되는 새로운 시대가 열렸음을 뜻한다. 딜로이트 컨설팅은 "SDGs는 과거 수십 년간에 걸쳐 글로벌 자본주의 속에서 구축돼온 현대 기업경영모델의 근간을 뒤흔드는 변화의 요구"라고 규정하고 있다. 특히 SDGs의 개별 항목들은 달성 수준이 높아질수록 삶에 대한 주관적인 만족도도 같이 높이는 효과를 가져오는 것으로 분석되고 있다.

우리나라의 현실은 어떨까? 통계청이 최근 발표한 보고서를 보면 2018년 기준으로 우리나라의 GDP 대비 온실가스 배출량은 OECD^{경제협력개발기구} 33개국 중 여섯 번째로 많고, 근로자 10만 명당 사고 사망자 수는 5.09명으로 네 번째로 높다. 반면에 재생에너지 사용 비율은 가장 낮다. 이 수치는 '사업보국 2.0'의 실행을 위해 기업이 어떻게 달라져야 하는지를 말해주고 있다. 앞으로 기업들은 SDGs 등에 반영된 사회적 가치 창출을 본업과 분리된 리스크나 평판을 관리하는 정도로 여겨서는 안 된다. 오히려 전사 차원의 전략에 적극적으로 포함시켜 생산과 경영 전반에서 새로운 가치를 창출하는 접근이 필수적이다. 사회적 가치가 기업의 존재 목적, 사업, 제품, 서비스에 녹아들 때 건전한 성장 동력이 제대로 작동할 것이라는 지적이다.

실제로 지속가능경영을 모범적으로 실행에 옮긴 역할모델 기업이 적지 않게 존재한다. 등산 장비와 기능성 의류 제조기업인 파타고니아가 대표적이다. 파타고니아는 환경 문제 해결을 사업 전반에서 제일 우선시하며 견실한 성장을 지속하고 있는 우량기업이다. 재활용 페트병에서 추출한 섬유로 재킷을 만들고, 유기농 천연섬유와 독성이 적은 염료 등을 써서 의류를 제조하고 있다. 또 보상판매 프로그램을 통해 의류를 되사들인 다음 세탁과 수선을 거쳐 재판매함으로써 제품의 사용 기간을 늘려 자원을 절약하고 있다. 필립스도 빼놓을 수 없는 기업이다. 필립스는 전구 판매량을 극대화하는 종전의 전략을 지양하고 조명의 설치, 보수, 운영 등 포괄적 서비스를 제공해 제품의 수명을 연장하는 것을 새로운 사업으로 채택해 큰 성공을 거두었다.

사회와 호흡을 같이하는 '사업보국 2.0'을 지향해야 하는 한국 기업들은 이본 쉬나드 파타고니아 CEO가 들려주는 경영철학을 경청하고 숙고해볼 필요가 있다.

"우리는 끝없는 성장을 필요로 하고 자연 파괴에 대해 책임져야 마땅한 자본주의 모델이 반드시 대체돼야 한다고 믿는다. 파타고니아와 2,000명의 직원은 옳은 일을 해서 세상에 유익하면서도 수익성이 있는 기업을 만들 수 있다는 것을 전 세계 기업들에 입증해 보일 수단과 의지를 갖고 있다"

ESG 시대의
산업 트렌드

ESG가 경영의 본류가 됨에 따라 기업들은 잇따라 위원회와 실무 추진 기구를 만드는 등 ESG 경영을 구체화하기 위한 추진 체계를 구축하고 있다. 글로벌 무대에서는 무엇보다 평가등급이 중요한 만큼 좋은 성적을 올리기 위한 기업의 노력도 본격화되고 있다. 정부도 K-ESG 가이드라인을 제시하고 지속가능경영 보고서의 공시 의무화 일정을 내놓은 데 이어 관련 지원 또는 촉진 방안을 속속 발표했다.

이렇듯 국내외에서 ESG 착근을 위한 제도가 마련되고 있는 가운데 국내기업은 ESG에 대해 어떻게 인식하고 있을까? 또 이를 실행하기 위한 역량은 어떤 수준에 머물고 있을까? 대한상공회의소와 한국생산성본부가 300개 기업을 대상으로 실시한 설문 조사 결과를 보면, 기업 10곳 중 7곳은 ESG가 기업경영에 중요한 요소임을 인정하고 있다. 하지만 ESG 경영 수준은 5점 만점에 2.9점에 불과했다. 그러다 보니 전담 조직을 갖춘 기업도 21.0%에 불과했다. 특히 기업규모 별로 대응 수준을 들여다보면, 선진국 기업을 10으로 했을 때 대기업은 7, 중견기업 5, 중소기업은 4에 그쳤다(전경련). 전반적으로 갈 길이 먼 상황에서 기업규모가 작을 수록 대응 역량이 취약함을 드러냈다.

그런 만큼 ESG 경영에서 제대로 된 '이목구비耳目口鼻'를 갖추기 위한 기업의 대응 속도도 빨라지고 있다. 그 산업별 트렌드를 짚어보자. 먼저 중요하고 급한 일로 부상한 탄소중립에 대한 대응. 우리나라는 온실가스를 많이 배출하는 제조업 비중이 높은 데다 다른 나라에 비해 상대적으로 탄소 감축 시한도 짧아 벅찬 과제에 직면하게 됐다. 기업들은 정부의 대응 속도가 '과속'이라 며 어려움을 호소하고 있지만, 이미 10위권 경제 대국에 오른 우리나라로선 국제사회에 대한 약속을 지키는 게 불가피해 보인다. 결국 획기적으로 탄소 배출량을 줄이는 혁신 기술 개발에 승부수를 던질 수밖에 없는 상황이다. 먼저 온실가스 배출 비중이 가장 높은 철강업의 경우 철광석의 환원에 코크스 대신 수소를 활용하는 수소환원 기술개발이 절체절명의 과제로 부각됐다. 시멘트 산업은 석회석을 분해하는 과정에서 절반의 온실가스가 나오기 때문에 석회석을 비탄산염 원료로 대체하는 방안이 거론되고 있다. 또 석유화학 산업은 에너지 효율을 높이면서 석유와 납사 기반의 화석연료를 바이오와 수소 등으로 대체하는 방안을 중장기적으로 추진할 방침이다. 반도체와 디스플레이 산업도 친환경 핵심 기술 개발에 방점을 두고 있다. 다른 한편으론 필요한 전력의 100%를 재생에너지로 충당하겠다는 글로벌 캠페인인 RE100에 참여하는 기업도 늘어나고 있다.

다음으로 떠오른 산업 트렌드는 상생 ESG 경영이다. 주체는 여력이 있는 대기업이고 대상은 중소기업 또는 지역사회이다. 중소기업의 경우 세계적으로 공급망에 대한 실사를 요구하는 목소리가 커지고 있어 대기업과 '이인삼각二人三脚'으로 대응해나가는 게 절실한 상황이다. 실제로 대기업들은 중소기업과 관련 인프라를 공유하거나 ESG 교육을 제공하고 있다. 악취를 배출하는 사업장에 대해 저악취 원료 대체 등의 지원을 한 포스코, 화학 물질의 안전에 대한 법규의 주요 내용을 중소협력사와 공유한 LG화학, 환경 기술과 노하우를 제공하는 SK하이닉스가 좋은 예이다. 이뿐만이 아니다. 금융기관들도 ESG 성과가 우수하거나 환경 기여도가 높고 신생 에너지와 친환경 발전 등의 사업을 하는 중소기업에 금리를 깎아주는 우대조치를 취하고 있다.

종래의 사회공헌 활동과 맥락을 같이 하는 지역사회와의 상생 경영도 계속 활기를 띠고 있다. 전경련이 발행한 '2021 ⓚ기업 ESG 백서'를 보면 지역사회와 공동체를 돕는 기업의 활동은 크게 미래세대, 환경, 문화, 스포츠, 다문화, 취약계층, 주거복지, 골목상권 활성화, 창업생태계 조성 등으로 나타나고 있다. 예컨대 인천 수도권 매립지에 미세먼지를 줄일 수 있는 수종을 심은 현대자동차, 서울 마포구에 소재한 매봉산에 도시 숲을 조성한 CJ 대한통운, 전국 장애학생 음악콩쿠르를 개최한 삼성전기 등을 들 수 있다.[144]

채취-제조-폐기로 이어지는 환경 파괴적 선형경제 대신 재활용 등을 통해 지속가능성을 추구하는 순환경제도 빼놓을 수 없는 산업추세이다. 가장 문제가 되는 게 플라스틱인데 정부는 오는 2050년까지는 기존 플라스틱을 토양 중 세균에 의해 분해되는 순수 바이오 플라스틱으로 대체한다는 계획이다. 정책도 정책이지만 순환경제에 참여하는 민간기업의 활동도 활기를 띠고 있다. 롯데케미칼의 경우 페트병을 깨끗한 상태로 수거한 다음 이를 원료로 운동화, 에코백, 가방 등을 제조해 출시했다. SK네트웍스는 자원 사용을 줄이고 환경 오염을 방지하기 위해 지난해

전국경제인연합회·K-ESG 얼라이언스(2021.12), '2021 k기업 ESG 백서'

넥스트 ESG

에만 해도 38만 9천여 개의 중고폰을 회수해 재사용하기도 했다. 부산물이나 폐플라스틱 같이 버려지는 재료나 물건으로 다른 제품을 만드는 '업사이클Upcycle'도 인기를 끌고 있다. 콩비지로 만든 글루텐프리 밀가루나 맥주 부산물로 비건 쿠키 반죽 등을 만드는 '푸드 업사이클', 버려지는 페트병의 불순물을 없앤 다음 플라스틱을 녹여 친환경 섬유를 개발한 '패션 업사이클'이 대표적 사례이다.

근로 현장에서 잇따르는 안타까운 재난사고를 방지하기 위해 시행에 들어간 중대재해처벌법도 '안전 경영 우선'이라는 새로운 트렌드를 가져왔다. 중대한 인명 피해를 주는 산업 재해가 발생하면 사업주에 대한 형사처벌이 강화되는 만큼 기업들은 현장의 안전 확보에 총력을 기울이고 있다. 안전 환경에 대한 투자를 늘리고 관련 전문 인력을 확대하는 건 기본이고 아예 CEO 지속통합안전관리센터를 설치해 본사에서 전 세계의 건설 현장을 실시간으로 모니터링하면서 즉시 대응 체제를 갖춘 기업도 있다.

지금까지 얘기한 ESG 경영을 둘러싼 여러 가지 환경과 제도에 대해 중소기업은 어떻게 대응해나가야 할까? 일견一見 ESG는 대기업이나 중견기업에 시급한 일일 뿐 중소기업은 어느 정도 비켜서 있을 수 있지 않을까 하는 생각을 해볼 수 있다. 하지만 대답은 '노No'이다. 상장사라면 정부 규제는 물론 ESG 경영을 강화하라는 투자자의 압박에 노출될 수밖에 없다. 비상장사라도 대기업에 납품하고 있거나 직접 수출하고 있는데 ESG가 낙제점이라면 거래가 중단될 수 있는 리스크가 있다. 또 금융기관들은 ESG에 소극적인 기업은 위험이 크다고 보고 아예 돈을 안 빌려주거나 높은 금리를 물릴 공산이 크고, 신용평가기관이 매기는 신용등급도 나쁘게 나올 가능성이 있다. 인수합병 대상이 되더라도 가치를 매길 때 불이익을 당할 수 있다. 요즘은 소비자들도 지속가능경영을 하는 기업의 상품을 구매하려 하기 때문에 ESG 성적이 부실하면 소비자의 외면을 받을 수 있다. 이렇게 보면 중소기업으로서도 ESG는 생존과 성장의 필요충분조건이 될 수밖에 없는 상황이다.

앞으로 중소기업이 ESG 경영의 기반을 다지기 위해서는 중소벤처기업부 등 정부 부처와 거래하고 있는 대기업으로부터 컨설팅과 노하우 등 지원을 받는 게 출발점이 될 수 있다. 특히 정부가 발표한 K-ESG 지표 중 중소 중견기업용 27개 항목을 참고할 필요가 있다. 중요한 점은 모든 지표에 같은 중요도를 부여할 필요가 없다는 점이다. 자사의 몸에 맞는 지표에 집중하는 게 현실적인 방법이다. 삼정KPMG는 이와 관련해 환경과 투명경영, 반부패 준법 등을 사안이 시급하고 관리가 용이한 지표로 들고 있다.

유해물질 관리와 온실가스 배출 저감, 산업안전보건, 폐기물 관리 등은 관리의 난이도는 높지만 여전히 중요한 지표로 분류됐다. 이런 식으로 지표가 확정되면 'ESG 경영 평가 분석 → 개선 사항 도출 → 개선 활동 실행'의 과정을 밟아가면 되는 것이다. 여기에서 중요한 점은 좋은 등급과 성적을 받는 데만 매몰돼서는 안 된다는 것이다. ESG 경영은 환경과 이해관계자를 존중하는 투명 경영을 함으로써 기업의 중장기 가치를 제고하는 데 초점을 맞추고 있다. 그런 만큼 경영과 생산과정의 전 가치사슬에 이런 가치를 스며들게 하는 게 핵심이다. 그래서 CEO의 리더십도 중요하지만 전 임직원이 진정성을 가지고 ESG 경영을 뿌리내리게 해야 비즈니스의 본질이 혁신되고 기업가치도 올라가는 선순환의 궤도에 올라설 수 있게 될 것이다. ESG 경영의 성패 여부는 지표라는 형식보다는 임직원의 공감대 형성에 달려있다고 할 수 있다.

절박한
그린 혁신

지난 2000년 8월 28일, 세계 종교지도자 2,000여 명이 뉴욕의 유엔 건물에 모였다. 갈등이 얽히고설킨 세계에 평화를 가져오는 방안을 논의하는 자리였다. 참석자들 가슴을 뭉클하게 한 것은 다른 주제의 연설에서였다. 주인공은 그린란드에서 온 에스키모인 앙강가크 리버스. "10년쯤 전에 마을 사람 한 명이 이상한 현상을 전해주었습니다. "빙하에서 물이 찔끔찔끔 흘러내려요" 지금은 빙하에서 시냇물이 흘러내립니다. 우리는 여기에서 평화를 얘기하고 있지만, 얼음은 녹고 있습니다" 20여 년 전의 얘기지만 기후변화가 가져온 위험 신호를 상징적으로 잘 보여주고 있다. 당시의 '빙하 시냇물'은 지금은 얼마나 거센 물줄기로 바뀌어 있을까.

넥스트 ESG

팬데믹을 겪으면서 세계 각국은 '환경의 복수'가 순식간에 전례 없는 재앙으로 번질 수 있음을 절감했다. 당장 뜨거워지고 있는 지구가 '시한폭탄'이라는 데 공감이 모아졌다. 경고의 수위를 잔뜩 높인 목소리가 잇따르고 있다. 기후변화에 관한 정부 간 협의체IPCC는 2021년 8월 보고서를 통해 지구의 평균온도가 산업화 이전보다 1.5℃ 높아지는 시기를 2021~2040년으로 내다봤다. 당초 전망보다 10년가량 앞당겨졌다. IPCC는 1750년 이래 온실가스 증가는 명백히 인류의 활동에 의한 것이라며 '문명 책임론'을 분명히 했다. 특히 앞으로 극한 기후, 폭우, 기근 등이 더 자주 그리고 더 극심하게 발생할 것이라고 경고했다.[145] '큰일' 나기 전에 잘 대응하라는 '레드카드'를 던진 셈이다. 국제통화기금IMF은 '기후에 대한 마지막 최선의 기회'라는 보고서에서 지금 당장 행동할 것을 촉구하고 있다. 그렇지 않으면 팬데믹보다 훨씬 크고 더 오래가는 피해를 입게 될 것이라고 진단한다. IMF는 지구의 기온상승 폭이 2℃에 이를 경우 전 세계 인구의 37%가 극한적 더위에 노출되고, 환경은 되돌릴 수 없을 정도로 변화할 가능성이 크다고 잿빛 전망을 하고 있다.[146] 기후변화에 잘 대응하면 지속가능 발전의 시대로 들어서겠지만, 일을 그르치면 전 세계가 향후 수십 년 동안 큰 위험에 직면할 것이라는 게 IMF의 '최후

---

145 IPCC(2021), 'Climate Change 2021: The Pysical Science Basis'
146 Amar Bhattacharya and Nicholas Sterna(2021.9), 'Our Last, Best Chance on CLIMATE', IMF

통첩'이다.

기후변화에 대한 글로벌 위기 의식 확산은 한국경제의 운신의 폭을 좁히고 있다. 부담스럽지만 이젠 선진국이 된 국가로서 책임을 다하는 모습을 보이지 않을 수 없는 상황이다. 하지만 기후 변화 대응을 놓고 당위론과 현실론이 엇갈리고 있다. 지속가능한 지구를 위해 온실가스 감축이 거스를 수 없는 대세인 만큼 주요 국가들이 실행하는 속도에 보조를 맞춰 탄소중립을 향해 갈 수밖에 없다는 게 당위론이다. 소극적인 태도를 보이면 국제적 비난은 물론 경제적 압박에 직면할 수 있기 때문이다. 문제는 한국경제가 미처 준비가 돼 있지 않다는 데 있다. 무엇보다 온실가스 배출이 정점을 찍은 시점부터 탄소중립에 도달하는 기간이 유럽연합^{EU}이 60년, 미국이 45년으로 비교적 넉넉한 데 비해 우리나라는 32년에 불과하다. 탄소를 많이 배출하는 제조업 비중이 28.4%(2019년 기준)로 다른 나라보다 크게 높은 점도 부담이다. 대한상공회의소는 이를 감안할 때 갑작스러운 탄소 감축의 가속화가 기업의 생존과 경쟁력에 부정적인 영향을 미칠 것으로 우려된다는 입장을 밝혔다.

이 같은 현실론은 나름대로 고개가 끄덕여지는 면도 있다. 중요한 점은 대의大義가 분명한 탄소중립의 목표 시점인 2050년을 향해 이미 세계 각국이 움직이기 시작해 보조를 맞추는 게 불가 피하다는 데 있다. 숨이 차오를 수 있지만, 에너지 다소비 국가의 오명에서 벗어나면서도 경쟁력을 지킬 수 있는 해법을 찾아야 하는 벅찬 과제가 우리 앞에 주어져 있다. 종래의 발상을 뛰어넘은 '그린 혁신'을 이뤄내는 정공법 이외에는 다른 길이 없다.

그 해답은 국가적 역량을 총동원해 '그린 경제'로의 전환에 온 힘을 쏟아붓는 '절박한 집중력'이다. 팬데믹에 대응한 미국 등 국가의 백신 개발 과정이 이를 모범적으로 잘 보여주었다. 팬데믹 초기만 해도 코로나 백신을 만들어 내는 데는 최소한 4면, 길면 10년 정도가 걸릴 것이라는 게 얘기가 나왔다. 그동안 경험에 근거한 예측이었다. 실제로 백신이 나온 것은 불과 11개월만 이었다. 이처럼 놀라운 성과는 어떻게 가능했을까? 핵심적인 요인은 정부와 기업, 그리고 연구기관이 전례가 없는 수준으로 '찰떡 궁합'의 공조 체제를 가동한 데 있다. 주요국 정부는 연구개발에 대규모 자금을 투입했다. 통상 30일이 걸리는 백신 후보 접종을 채 일주일도 못 돼 허가하는 등 규제의 문턱을 크게 낮춰줬다. 미리 대량구매를 약속해 기업의 리스크도 줄여줬다. 한결 부담이 준 기업들은 연구 및 의료 인력들과 함께 개발 일정을 앞당기는 순발력을 보였다. 그 결과 초고속 백신 출시라는 역사적 기록이

세워졌다.[147]

그린 혁신도 이런 방식으로 진행돼야 한다. 현재 세계적으로 청정기술 개발에 대규모 자금이 투입되고 있다. 미국 에너지부는 지난 8월 빌 게이츠가 만든 '에너지 혁신 벤처'와 15억 달러 규모의 투자 제휴를 발표했다. 목표는 녹색 수소와 지속 가능 항공연료 등 기술개발을 촉진하는 것이다. 탈탄소 에너지 전환에 투입된 글로벌 투자 자금도 2020년 한 해에만 5천억 달러가 넘는 것으로 추산되고 있다. 결국은 돈이다. 선제적인 역할은 정부의 몫. 미래기술 개발에는 대규모 연구 개발 투자가 필요한 만큼 정부가 자금 파이프라인 역할을 해줘야 한다. 기업 투자에 대한 세제 혜택 등 지원도 필요하다. 특히 유념해야 할 점은 조급한 규제를 절제해야 한다는 것. 산업연구원은 "혁신 기술의 확보는 미래에 가능한 일이기에 당장 과도한 규제는 기업에 큰 타격을 입힐 수 있다"고 경고한다.

혁신은 절박할 때 꽃을 피워왔다. 대공황 시절인 1930년대에 전화기에서부터 나일론, 비행기에 이르는 기술적 진보가 이뤄진 게 대표적 사례이다. 물론 이런 성취는 자동으로 실현되지 않는

---

147 McKinsey & Company(2021.5), 'Fast Forward: Will the speed of COVID-19-vaccine development reset industry norms?'

다. 얼마만큼 절실하게 문제에 접근하고, 신기술을 만들어 낼 수 있는 합심合心의 토양과 효율적인 시스템을 구축해낼 수 있느냐가 열쇠를 쥐고 있다. 피할 수 없는 그린 혁신의 길. 한국경제가 퍼스트 무버로 치고 나가는 뛰어난 잠재력을 보여주길 기대해본다.

한국경제의
양질_{量質} 전환

물을 데우다 온도가 100℃가 되면 액체가 수증기로 바뀌기 시작한다. 어떤 분야든 적어도 1만 시간의 훈련을 해야 전문가의 반열에 들어갈 수 있다는 얘기도 있다. 양적인 축적을 통해 질적인 전환을 이루는 양질 전환에 대한 언급이다. 양질 전환은 한국경제에도 그대로 적용되고 있을까? 경제가 발전하면서 다양한 분야에서 질적인 열매가 맺어지는 것을 자주 보게 된다. 첨단 제품으로 세계를 누비는 한국 기업들, 글로벌 대중문화 무대에서 단단하게 자리 잡은 K팝과 K무비, 태극 마크를 달고 다른 나라의 선두들과 당당하게 겨루는 스포츠선수들. 수많은 사례가 있다.

여기에서 던져보는 질문. 사회와 경제도 양이 쌓이면 구조적으로 질도 바뀌는가? 이 질문에 대한 답을 찾아가 보자. 빛바랜 흑백사진 같은 보릿고개의 기억을 뒤로 하고 60여 년간 숨 가쁘게 달려온 한국경제. 경제의 덩치(국내총생산)는 1960년의 19억 8천만 달러에서 지난해에는 1조 7,978억 달러로 무려 904배나 커졌다. 1인당 국민총소득도 같은 기간에 438배나 늘어나 3만 5천 달러를 넘어섰다. 한국경제는 이제 세계 10위 수준으로 위상이 크게 높아졌다. 우리나라는 1996년에 선진국 경제클럽인 OECD(경제협력개발기구)에 가입했는데 UNCTAD(유엔무역개발회의)는 지난해가 돼서야 한국이 소속된 그룹을 '개발도상국'에서 '선진국'으로 바꿨다. 선진국 인증을 받은 것이다.

지금 이 시점에서 바라본 한국 사회와 경제의 자화상은 어떤가? 양적 도약 못지않게 선진국으로 불릴 만큼 명실상부하게 질적 제고도 이뤘는가? 자신이 있게 '그렇다'라는 답을 할 수 없는 게 현실이다. 한국은 여전히 양적 사고가 지배하는 사회다. '1인당 소득을 5만 달러로 늘리자', '경제 규모 순위를 더 올려보자'는 식의 양적 목표가 더 눈에 띄는 분위기다. 오랜 시간을 추격, 추월에 익숙해진 상태여서 그 관행적 사고에서 빠져나오지 못한 듯하다. 이미 세계 10위인데 추월을 하면 얼마나 더하겠는가?

이젠 '경제와 사회도 양이 쌓이면 늘 질이 바뀌는가?'에 대해

답을 해보자. 단도직입적으로 말하면 양을 늘린다고 해서 질적 향상이 자동으로 이뤄지지는 않는다. 질적 '소프트 파워'의 혁신을 위해서는 어떤 조건이 필요할까? 멀리 내다보고 본질을 꿰뚫어 보는 정책적 리더십과 자발적으로 형성되는 사회적 공감대가 한데 어우러져야 한다. 성숙한 사회만이 실현해낼 수 있는 과제이다.

그렇다고 규모를 키우는 일을 소홀히 하자는 말은 아니다. 당장은 팬데믹의 터널에서 빠져나가기 위해 성장의 속도도 올리고 일자리도 많이 만들어 내야 하는 일이 발등의 불로 떨어져 있다. 하지만 중요한 점은 양적 성장이 한계에 부딪혀 있다는 것. 단기적으로 경기를 부추기기 위해 정부와 한국은행의 곳간을 푸는 일은 물가 불안과 국가부채 급증 등 여건 속에서 종래와 같은 공세적 운용이 현실적으로 어렵게 됐다. 더구나 단기 경기 부양은 말 그대로 짧은 기간에 성장률의 수치를 올리는 것일 뿐 경제의 근본적 실력을 키우는 일과는 무관하다. 현재 한국경제는 실제 '내공'을 드러내는 지표인 잠재성장률이 날이 갈수록 취약해지고 있다. 1990년대만 해도 6%에 달했던 잠재성장률은 지금은 3분의 1 수준인 2% 수준으로 내려앉았다. 이대로 가면 제로 또는 마이너스 대로 급강하할 것이라는 경고가 잇따르고 있다. 이 추세를 반전시키기 위해서는 고령자와 여성의 경제활동 참가를 확대하는 등의 양적 대책도 필요하다. 더 중요한 일은 교육개혁을 통해 창조적 인재를 배출하는 등 인적 투자를 크게 늘리고 규제 개혁을 통해 투자 촉진과 생산성 제고를 유도하는 것이다. 혁신 역량에 바탕을 둔 '질적 성장력'을 키워야 한다.

특히 우리는 지금 성장의 지향점이 크게 변화하는 새로운 상황에 직면해있다. 성장의 속도만을 올리는 관행은 기후변화 대응, 환경 보호 등의 이슈가 본격적으로 제기되면서 제동이 걸리고 있다. 미래세대가 사용할 자원을 낭비하지 않으면서 건강한 성장을 하자는 지속가능발전이 글로벌 화두로 제기돼있는 상태다. 시대적 이슈로 떠오른 ESG나 이해관계자 자본주의도 모두 이 맥락에서 논의와 실행이 진행되고 있다.

실제로 국회미래연구원이 지난 2020년에 5,321명을 대상으로 조사한 한국인의 미래 가치관 조사 결과를 보면, 응답자 10명 중 7명(68.2%)이 '자연환경 보존이 도시 개발보다 중요하다'고 응답한 것으로 나타났다. 성장보다 환경을 지키는 일을 우선시하고 있다.[148] 한국행정학회의 조사도 같은 결과를 보이고 있다. 응답자 50.8%는 '자연보호와 녹지 보존을 위해 경제개발을 늦추거

---

[148] 국회미래연구원(2020), '한국인의 미래가치관 연구'

나 포기해야 한다'에 동의하고 있다. 또 '소득이 적고 출세하지 못하더라도 여유로운 삶을 살고 싶다'는 응답 비율도 45.3%에 이르고 있다. '다소 바쁘고 피곤하더라고 돈을 많이 벌고 출세하고 싶다'는 응답자는 28.5%에 불과하다. 국회의장 직속 국가중장기아젠다위원회는 최근 '미래비전 2037'을 내놓으면서 "국민들은 사회적 가치와 환경적 가치의 중시를 요구하고 있으며, 이는 기존 경제 성장과는 다른 사회적 방향을 요구하는 것"이라고 진단하고 있다. 이에 따라 삶의 질, 더불어 사는 공동체, 질적 성장, 녹색 전환 등을 추구하는 성숙사회로의 전환을 이 위원회는 대안으로 제시하고 있다.[149] 귀담아들어야 할 얘기다.

이런 관점에서 보면 그동안 금과옥조처럼 여겨온 국내총생산 GDP이 제대로 된 성장을 반영하는 지표인지에 대해 심도 있는 검토가 필요한 시점이다. GDP는 계속 늘고 있다고 하는 데 실제 사람들의 삶은 팍팍해지고 있다거나 국민의 행복도와 거리감이 크다는 지적은 GDP가 갖는 구조적인 문제점을 드러내고 있다. 지난 2008년 사르코지 프랑스 대통령의 요청으로 구성된, 조셉 스티클리츠 컬럼비아대학교 교수 등 8인 위원회는 2010년에 'GDP는 틀렸다'는 보고서를 출간했다. 이 보고서에서 이들은 GDP는

---

149 국가중장기아젠더위원회(2021.12), '미래비전 2037: 성장사회에서 성숙사회로 전환'

생산에만 초점을 맞추다 보니 국민의 행복을 측정하는 데 문제점을 드러냈다며 이를 개선하기 위해서는 생산보다 가계 입장에서 소득과 소비를 측정하고 재산, 불평등, 삶의 질 등을 같이 평가해야 한다고 주장했다.[150] 이런 논의는 최근에도 이어지고 있다. LAB2050은 개인이 얼마나 소비했는가에 방점을 두고 지속가능한 경제 후생과 사회경제발전을 측정하기 위해 개발된 '참성장지표GPI'를 GDP의 대안으로 제시했다.[151] GPI는 현재 미국 메릴랜드주와 버몬트주 등에서 활용되고 있다. 이에 앞서 부탄은 1998년부터 국민의 심리적 안정, 건강, 문화적 다양성 등 9개 영역을 포괄하는 국민총행복GNH를 도입해 시행하고 있다. 한국 정부도 국민 삶의 실상을 제대로 반영하는 지표 개발에 관심을 기울여야 한다. 생산 통계인 GDP의 지속적 사용이 당분간 불가피하다면 GPI나 GNH 같은 지표를 보조지표로 써서 성장의 질적 측면과 개인의 행복도 들여다봐야 한다. 측정하지 않으면 개선할 수 없기 때문이다.

이와 관련해, 한국 사회의 민낯도 들여다볼 필요가 있다. 낙제점인 행복과 사회적 자본의 문제이다. 최근 공표된 '2022년 세계

---

150 조지프 스티글리츠·아마르티아 센·장 폴 피투시(2011.4), 박형준 옮김, 'GDP는 틀렸다', 동녘
151 최영준 등, '참성장지표 개발 연구(2021);, LAB2050

행복보고서'를 보면, 우리나라는 59위에 그치고 있다.¹⁵² 대만(26위), 일본(54위)보다 낮은 순위다. 그나마 이것도 1인당 소득과 평균 수명이 양호한 덕분이다. '어려울 때 의지할 친척이나 친구가 있는지'를 물어본 사회적 지지의 랭킹은 85위, 또 '어제 웃거나 즐거운 일이 있었는지'를 나타내는 긍정적 영향은 117위로 하위권이다. 사람들이 공통의 목적을 위해 함께 일할 수 있는 능력을 나타내는 사회적 자본은 어떤가? 사회적 자본의 핵심 요소인 신뢰 수준을 보면 지인과 모르는 사람에 대한 신뢰가 각각 OECD 16개 회원국 중 10위로 낮은 순위를 보이고 있다. 경제 규모의 양과 삶의 질의 괴리가 얼마나 큰지를 분명하게 보여주고 있다.

백범 김구 선생은 '백범일지'에서 "나는 우리나라가 세계에서 가장 아름다운 나라가 되기를 원하며 가장 부강한 나라가 되기를 원하는 것은 아니다"며 문화와 행복을 강조했다. 크기, 넓이, 높이 등 양적 기준을 중시해온 한국 사회. 세계가 놀랄만한 성취를 이뤘지만 놓치고 잃은 것도 적지 않다. 이제 국가에서 개인 삶의 질로 눈을 돌려 양질전환의 궤도 수정을 해야 할 때이다.

---

152 Jeffrey D. Sachs 등(2022), 'World Happiness Report 2022'

넥스트 ESG

국가의 장기가치는
누가 키우나?

필자는 취재 기자 시절인 1992년에 경제기획원(기획원)을 담당했다. 1961년 7월 발족해 경제개발을 주도해온 기획원은 말 그대로 경제의 사령탑이었다. 부총리급 장관에 예산, 경제기획, 물가관리, 정책조정 등 막강한 권한을 행사했다. 부처가 가진 힘도 힘이었지만 국가 경제의 장기계획을 입안하고 실행하는 부서이어서 그런지 관리들의 사고가 자유분방한 점이 특징이었다. 취재차 만난 한 관리는 지금 기준에서 생각해보면 깜짝 놀랄만한 아이디어를 툭 던졌다. "은행들이 기업의 주인이 되게 하면 어떨까요?" 독일이나 일본처럼 기업의 대주주를 금융기관으로 바꾸는 방안에 대해 타진해보는 정도의 말이었다. 물론 기업의 주인을 인위적으로 교체하는 '극약처방'은 공론화되지는 않았지만, 정책의 시선에 거의 제한이 없었음을 잘 보여주는 사례이다. 사실 이런 파격적 생각이 관리들 입에서 수시로 거론됐던 게 그 시절의 분위기였다.

당시는 경제개발 5개년 계획이 추진되던 시절이어서 경제 정책은 긴 호흡을 가지고 펼쳐졌다. 물가 급등 등 단기 현안에 대한 대응도 추진됐지만, 무엇보다 5년 단위의 중장기 정책이 중시됐다. 그 실행의 힘은 예산 배정에 있었다. 경제기획국에서 짜는 5개년 계획안에 들어간 정책에는 예산국이 예산을 배정했다. 미래를 내다보고 개척하는 정책이 일관되게 추진되게 하는 체제였다. 강경식 전 경제부총리는 저서 『국가가 해야 할 일, 하지 말아야 할 일』에서 이때를 회고하며 "5개년 계획에 반영되지 않은 사업은 아예 상대조차 하지 않았다. 5개년 계획서는 작성 후에도 캐비닛에서 잠자는 신세에서 벗어나 계속 참고하는 문서가 되었다"고 증언한다.[153]

지난 시간을 다시 소환한 것은 5개년 계획 같은 제도를 재도입하자고 말하려는 게 아니다. 한국경제는 이미 세계 10위권인데다 민간기업이 주축을 이루고 있어 과거의 국가자본주의 방식은

---

153 강경식(2010.12), '국가가 해야 할 일 하지 말아야 할 일', 김영사

넥스트 ESG

몸에 맞지 않는 게 사실이다. 중요한 점은 단기 현안 중심으로 정책이 가동되면서 국가 경제의 장기가치를 키우는 전략이 힘을 받지 못하고 있다는 데 있다. 근본 원인은 무엇일까? 먼저 김영삼 정부 시절 기획원과 재무부를 통합해 재경경제원(재경원)을 만든 게 패착이었다고 생각한다. 가끔 뜬구름 잡는 얘기를 하지만 미래의 꿈을 꾸는 기획원과 금융 등 현안 중심의 치밀한 현장형 사고를 하는 재무부의 '한 집 살림'은 그 진로가 예상됐다. 장기 비전에 대한 단기적 사고의 승리였다. 이후 경제 정책은 고용, 물가, 환율 등 급하게 대처해야 할 일 중심으로 움직이기 시작했으며 산업구조, 잠재성장률, 과학기술 등 미래의 핵심 성장동력을 키우는 일에는 방점이 제대로 주어지지 않았다. 발등의 불로 떨어진 이슈를 해결하는 게 급선무였기 때문이다.

노무현 정부 당시 대통령정보과학기술보좌관을 역임했던 김태유 서울대 명예교수는 "우리나라 경제가 성장 동력을 잃게 된 가장 큰 이유 중 하나는 기획재정부가 단기 정책과 장기 정책 모두를 총괄하는 원톱체제로 운영되기 때문"이라며 "국가 백년대계를 책임질 중차대한 미래경제 문제는 늘 당면한 현실경제의 뒷전으로 밀리기 마련"이라고 지적하고 있다. 그가 청와대 재직 당시 과학기술부총리 제도 신설을 주도하고 과기부 산하에 기술혁신본부를 설치한 다음 과학기술과 연구개발에 관련된 예산을 이관한 것도 당장 급하지는 않지만, 앞날을 위해 중요한 일을 준비하려는 의도에서였다.[154] 이 조치는 경제의 장기가치에 초점을 맞추려고 했던 시도의 한 사례로 볼 수 있을 듯하다.

어쨌든 1994년 12월에 통합부처로 탄생한 재경원은 이후 잇따른 정부조직 개편으로 간판을 재정경제부로 바꿔 달은 데 이어 현재의 기획재정부(기재부)에 이르고 있다. 재경원이 가지고 있던 예산 기능은 국민의 정부 당시 기획예산처로 분리되었다가 다시 기재부가 품게 된다. 이와 관련, 짚어볼 점은 기재부 같은 '대(大)부처'의 기능과 역할에 대한 평가이다. 사실 기재부는 과거 재경원의 부활이라는 지적을 받고 있다. 오재록 전주대 교수는 기재부는 세제, 예산, 정책조정 등 '경제 3권'을 보장받음으로써 막강한 권한을 행사하며 중앙행정기관 위에 군림했던 옛 재경원을 쏙 빼닮았다고 말하고 있다. 기재부 같은 대부처는 장관의 기능적 책임이 지나치게 넓은데다 이질적인 업무가 집중돼 관리가 어렵고 다른 부처의 발언권이 대폭 축소되는 문제가 있다는 것이다. 무엇보다 큰 문제는 워낙 많은 현안 앞에 장기 정책이 들어설 자리가 협소할 수밖에 없다는 데 있다.

---

154 김태유·김연배(2021.4), '한국의 시간', 쌤앤파커스

이와 관련해, 주문하고 싶은 점은 앞으로 국가의 장기가치를 키워나갈 수 있는 방향에 대한 고려가 심도 있게 이뤄져야 한다는 것이다. 현재 정부는 기업이 단기 경영에서 벗어나 중장기 가치의 제고에 역점을 두도록 환경과 이해관계자를 존중하는 투명 경영인 ESG를 체질화하도록 독려하고 있다. 기업에 이런 '방향지시등'을 켜고 있는 정부도 잠재성장률 제고, 질적 성장으로의 전환, 기후 위기와 저출산 대응, 연금개혁, 양극화 해소 등 먼발치를 내다보면서 꾸준히 추진해나가야 할 장기과제들에 대해 실효성 있는 실행체제를 갖추어야 한다.

주지하다시피 국가 경제의 경쟁력은 단기 응급대응에서 나오지 않는다. 체질을 강화하는 중장기 정책에서 발원한다. 상대적으로 시장경제를 중시하는 미국이 다시 산업정책 수립에 나서고 중국이 장기적 일관성을 가지고 경제를 운용하는 이유가 여기에 있다. 여기에서 정치 이슈이면서도 경제적 중요도가 높은 이슈에 대해 언급하고자 한다. 바로 대통령 단임 문제이다. 장기집권을 막기 위해 도입된 제도였지만 이제는 국가 경제가 장기적 청사진 아래 운용되는 데 큰 걸림돌이 되고 있다. 어느 정부가 됐든 '5년 단막극'으로 끝나는 정부가 차기나 차차기 정부가 책임질 일에 힘을 쏟아붓기를 기대하기는 어려운 게 사실이다. 개헌 논의가 본격화되면 대통령 임기는 줄이되 연임할 수 있도록 길을 터

쥐야 한다. 선진 경제권에서 대통령이나 수상의 임기를 단 1회로 묶어두는 경직적인 제도를 운용하는 나라가 있는가. 장기적 경제 개혁조치로 유럽 경제의 맹주이자 제조업 강국으로서의 위치를 흔들림 없이 유지하고 있는 독일. 총리의 임기를 보면 헬무트 콜과 앙겔라 메르켈이 각각 16년, 콘라트 아데나워 14년, 게르하르트 슈뢰더 8년, 헬무트 슈미트 7년 등이다.

● ● ●

ESG는
경제 패러다임의 대전환

ESG에 관한 얘기가 봇물 터지듯 쏟아져나온 지 2년째. ESG 는 이제 기업경영의 본류로 자리를 잡았다. 글로벌 무대에서는 공시와 공급망 실사 등을 중심으로 ESG를 제도화하려는 발걸음 도 빨라지고 있다. 투자, 금융, 신용평가, ESG 등급, 공급체인, 소 비자 등 다양한 부문에서도 ESG의 가치가 뿌리를 내려가고 있다.

다른 한편으로는 ESG에 대한 반론도 고개를 들고 있다. 우크 라이나 전쟁 이후 러시아가 가스공급을 줄이면서 EU유럽연합 국가 들이 화석연료 발전을 늘리자 ESG가 뒷걸음질하고 있다는 비판 이 일고 있다. 미국에서는 공화당 인사들이 ESG와 기후변화 논 의에 대해 좌파적 사고라며 이를 정치·이념 이슈화하고 있다. 테슬라 창업자인 엘론 머스크는 자사가 S&P500 ESG지수에서 제외되자 ESG를 강도 높게 비난하기도 했다. 전기차 생산을 통해 배기가스 배출량을 줄이는 데 기여하고 있다고 자부하고 있는 머스크로서는 불만을 가질 수도 있을 것이다. 하지만 테슬라가 지수에서 빠진 것은 폐기물 처리 문제, 인종 차별, 근로환경 논란 등에 따른 것으로 알려졌다. 이런 가운데 영국의 주간지인 더 이코노미스 7월 21일자는 ESG를 특집으로 다뤘다. 이 잡지도 ESG에 대해 심도 있게 문제를 제기했다. 상충되는 목표를 제시하고 지표가 표준화돼있지 않은데다 선한 일과 성과 간의 불분명한 관계, 일관되지 않은 등급 등 결함이 있다고 지적했다. 이 잡지는 ESG를 폐기하자는 뜻은 아니라며 개선이 필요함을 강조했다.

지금까지 소개한 비판론은 무엇을 의미할까? ESG가 엉터리라는 뜻일까? 필자는 이 같은 논의가 이젠 좀 차분하게 ESG를 들여다볼 시점이 됐다는 것을 말해주고 있다고 생각한다. ESG가 지향하는 방향은 맞는데 지표와 등급 등 실제 적용하는 데 문제점들이 적지 않으니 이런 디테일을 해결하라는 요구인 셈이다. 어떤 문제이든 미시적 과제에 직면했을 때 중요한 점은 다시 시선을 넓혀 거시적 지향점을 봐야 한다는 것이다. ESG가 가리키고 있는 핵심 방향은 환경을 망치고 이해관계자를 외면하며 부패하고 비윤리적인 행위를 하는 경영은 지속가능하지 않다는 점이다.

이런 가치에 대해서는 두텁게 글로벌 공감대가 형성돼 있는 게 현실이다.

먼저 기후변화 대응. 지구온난화를 이대로 방치하면 홍수, 폭염, 가뭄 등 재난이 잇따를 것이라는 경고는 과학적 사실에 근거를 두고 있다. 그런 만큼 기후 위기에 대처하기 위해 탄소 배출을 대폭 줄여야 한다는 데 누가 이의를 제기할 수 있겠는가? 산업화 이전 대비 기온상승 폭을 1.5℃ 이내로 억제하기 위해 2030년까지 온실가스 배출량을 45%(2010년 대비) 줄이고, 2050년까지 탄소중립을 이뤄야 하는 게 인류에게 주어진 과제이다. 또 주주만 우대하는 자본주의가 아니라 이해관계자 모두에게 성장의 과실이 분배되는 이해관계자 자본주의로 가자는 대의는 부정할 수 없는 시대적 의제이다. 지난 2019년 8월 미국 재계가 선제적으로 이 이슈를 공론화시킨 것은 신자유주의가 가져온 양극화 심화 등 '곪은 상처'를 해소하기 위해 이제는 자본주의를 개혁할 때가 됐다는 판단에 따른 것이었다.

아무리 방향이 올바른 일이어도 일사천리로 진행되는 것은 아니라는 게 역사가 보여주는 진실이다. ESG는 고탄소 경제에서 저탄소 경제로, 주주자본주의에서 이해관계자 자본주의로 가는 패러다임의 대전환을 말한다. 토머스 쿤이 '과학혁명의 구조'에서 얘기했듯이 하나의 패러다임에서 다른 패러다임으로 넘어가는 것은 직선적인 과정이 아니다. 견고한 기존 질서를 바꿔 가는 여정旅程은 전진과 후진을 반복하는 울퉁불퉁한 과정일 수밖에 없다. 하지만 환경과 사람을 돌보는 투명한 기업경영은 인류 생존과 사회·경제 통합력 유지를 위한 필수조건이 됐다. 그리고 이를 실현할 수 있는 방법이 바로 ESG라는 공감대는 흔들리지 않을 것 같다.

넥스트 ESG

초판 1쇄 발행 2022년 10월 2일
초판 1쇄 인쇄 2022년 10월 8일

지 은 이 최남수
발 행 인 전익균

이   사 정정오, 김영진, 김기충
기   획 권태형, 백현서, 조양제
편   집 김정
디 자 인 페이지제로
관   리 김희선, 유민정
언론홍보 (주)새빛컴즈
마 케 팅 팀메이츠

펴낸곳 새빛북스
전화 (02) 2203-1996, (031) 427-4399 팩스 (050) 4328-4393
출판문의 및 원고투고 이메일 svedu@daum.net
등록번호 제215-92-61832호 등록일자 2010. 7. 12

가격 18,000원
ISBN 979-11-91517-23-1 03320